Jonathan Byrons

DIE WELT IN 60 MINUTEN

CHRISTIAN STANG

DEUTSCHE
RECHTSCHREIBUNG
in 60 Minuten

Inhalt

Vorwort

Dieser Band aus der Reihe *Die Welt in 60 Minuten* wendet sich an alle, die sich zur Vertiefung die aktuellen Regeln der deutschen Rechtschreibung ins Gedächtnis rufen und alle wesentlichen Änderungen gegenüber der alten Regelung in kurzer Zeit im Griff haben möchten.

Der erste Teil der *Deutschen Rechtschreibung in 60 Minuten* informiert Sie in übersichtlicher und leicht verständlicher Form über die wichtigsten neuen Richtlinien anhand zahlreicher Gegen-überstellungen und Beispiele. Dabei folgt dieses Buch in allen Teilen dem aktuellen Stand der amtlichen, für Schulen und Behörden verbindlichen Rechtschreibung.

Der zweite Teil besteht aus einer Wörterliste von A bis Z, die Sie bei allen Fragen in puncto neue Schreibweise zurate ziehen können.

Viel Erfolg bei Ihren „25 Schritten zur neuen Rechtschreibung" wünscht

Christian Stang

Regensburg, im Sommer 2009

Teil I

Die neue Orthografie
auf einen Blick

Die Laut-Buchstaben-Zuordnung

Die Laut-Buchstaben-Zuordnung erfüllt in der deutschen Rechtschreibung eine wichtige Aufgabe. Sie legt fest, mit welchen Buchstaben oder Buchstabenfolgen die Laute der gesprochenen Sprache wiedergegeben werden.

Durch die Einführung der neuen Rechtschreibung wurden in diesem Bereich keine grundlegenden Änderungen in Kraft gesetzt.

Ziel ist es, die Gültigkeit des sogenannten Stammprinzips zu erhöhen und Ausnahmeregeln abzubauen.

Die wesentlichen Änderungen bei der Laut-Buchstaben-Zuordnung erfahren Sie hier:

Regel 1: *Fluss* statt *Fluß*

Nach einem kurzen Vokal (Selbstlaut) wird aus ß ein ss (Doppel-*s*).

„*Gruß und Kuss von Julius*" – Um Sie nicht länger auf die Folter zu spannen: Der *Kuss* wird neu mit *ss* (Doppel-*s*) geschrieben, während der *Gruß* sein *ß* (scharfes *S* oder Eszett) behalten darf.

Die Schreibung mit *ss* und *ß* richtet sich ab sofort nach dem Vokal (Selbstlaut), der vor dem *s*-Laut steht. Wenn Sie die beiden Wörter *Gruß* und *Kuss* laut nacheinander aussprechen, werden Sie sofort den Unterschied bemerken:

Der Vokal (Selbstlaut) *u* im Wort *Gruß* wird lang gesprochen, während das *u* im *Kuss* nur kurz ausgesprochen wird.

Nach langen Vokalen (Selbstlauten) bleibt das *ß* also wie bisher erhalten: *Straße, Füße, Spaß, Stoß, Ruß, Maß, bloß, grüßen.*

Dies gilt im Übrigen auch für Doppellaute (Diphthonge), die vor dem *s*-Laut stehen: *Fleiß,*

Strauß, Spieß, außen, beißen, draußen, heißen, außer.

Nach kurzen Vokalen (Selbstlauten) wird das *ß* jedoch nach den neuen Rechtschreibregeln durch *ss* ersetzt:

bisherige Schreibung	neue Schreibung
Biß	*Biss*
Haß	*Hass*
Fluß	*Fluss*
Faß	*Fass*
Kuß	*Kuss*
Genuß	*Genuss*
Schluß	*Schluss*
naß	*nass*
bißchen	*bisschen*
Gäßchen	*Gässchen*
wäßrig	*wässrig*
(er) ißt	*(er) isst*
(sie) läßt	*(sie) lässt*

In manchen Wortstämmen verändert sich die Länge und Kürze des Vokals (Selbstlauts) vor dem *s*-Laut. Achten Sie in diesen Fällen besonders auf die Schreibung von *ss* bzw. *ß:*

fließen – das Floß – aber: *es floss – der Fluss*

wissen – er weiß – aber: *er wusste*

Beim Lesen dieses Buches ist Ihnen bestimmt schon aufgefallen, dass die Konjunktion (das Bindewort) *dass* jetzt mit *ss* geschrieben wird. Die Unterscheidung zwischen den Wörtern *das* und *dass* bleibt weiterhin bestehen.

In der Schweiz wird im Übrigen schon seit Jahrzehnten grundsätzlich *ss* statt *ß* geschrieben.

Regel 2: *Brennnessel* statt *Brennessel*
Wenn in Zusammensetzungen drei gleiche Buchstaben aufeinandertreffen, bleiben alle erhalten.
Beim Zusammentreffen dreier gleicher Buchstaben werden also jetzt immer diese Drillinge geschrieben. Es spielt dabei keine Rolle, ob es sich bei den drei gleichen Buchstaben um Konsonanten (Mitlaute) oder Vokale (Selbstlaute) handelt.

Um das Lesen zu erleichtern, dürfen Sie in diesen Fällen auch einen Bindestrich setzen:

bisherige Schreibung	neue Schreibung
Schiffahrt	*Schifffahrt/* *Schiff-Fahrt*
Sperriegel	*Sperrriegel/* *Sperr-Riegel*
Stallaterne	*Stalllaterne/* *Stall-Laterne*
Armee-Einheit	*Armeeeinheit/* *Armee-Einheit*
Kaffee-Ernte	*Kaffeeernte/* *Kaffee-Ernte*
Zoo-Orchester	*Zooorchester/* *Zoo-Orchester*
Hawaii-Inseln	*Hawaiiinseln/* *Hawaii-Inseln*

Die Fremdwortschreibung

Bei der Schreibung der Fremdwörter nimmt die neue Rechtschreibung nur sehr behutsame Veränderungen vor. Die Anpassungen an die deutsche Schreibung beschränken sich auf die Fremdwörter, die auch in der Alltagssprache verwendet werden. Die Fremdwörter der verschiedenen Fachsprachen sind von der Neuregelung nicht betroffen, sodass es im fachsprachlichen

Gebrauch zum Teil bei den traditionellen Schreibungen (wie *Kardiograph* oder *phonologisch*) bleiben dürfte.

Durch die Einführung der reformierten Rechtschreibung wurden keine spektakulären Schreibweisen wie „*Apoteke*" statt *Apotheke* oder „*Filosofie*" statt *Philosophie* eingeführt. Bei einigen Fremdwörtern wird Ihnen jedoch neben der bisherigen fremdsprachigen Schreibung eine eingedeutschte Schreibweise angeboten. Natürlich bleibt es Ihnen selbst überlassen, ob Sie die neuen Schreibvarianten in Ihren Texten anwenden. Allerdings ist es ratsam, zumindest innerhalb eines Textes auf eine einheitliche Schreibweise zu achten.

Regel 3: *Exposee* statt *Exposé*
Die französischen Endungen *é* und *ée* können in einigen Wörtern durch *ee* ersetzt werden.
Die folgende Gegenüberstellung enthält einige Fremdwörter, die von dieser neuen Bestimmung betroffen sind:

bisherige Schreibung	neue Schreibung
Dekolleté	*Dekolletee/Dekolleté*
Drapé	*Drapee/Drapé*
Exposé	*Exposee/Exposé*
Frappé	*Frappee/Frappé*
Negligé	*Negligee/Negligé*
passé	*passee/passé*
Rommé	*Rommee/Rommé*
Séparée	*Separee/Séparée*
Varieté	*Varietee/Varieté*

Die Schreibung ohne Akzent hat sich in vielen
Fällen schon lange durchgesetzt: *Armee, Chaussee,
Entree, Renommee, Püree.*

Regel 4: *Paragraf* statt *Paragraph*
Die Verbindung *ph* **kann in allen Wörtern mit den
Stämmen** *phon, phot, graph* **durch** *f* **ersetzt werden.**
Diese Regelung ist eigentlich kein „Newcomer"
– um gleich bei den Fremdwörtern zu blei-
ben. Denken Sie doch nur an die nostalgischen
Schreibungen *Telephon* und *Photographie.*
Doch nun ein Blick auf die Fremdwortschreibun-
gen mit *f*, die von der neuen *Orthografie* – hier
war bereits das erste Beispiel – profitiert haben:

bisherige Schreibung	neue Schreibung
Autograph	Autograf/Autograph
Bibliographie	Bibliografie/ Bibliographie
Biographie	Biografie/Biographie
Choreographie	Choreografie/ Choreographie
Diktaphon	Diktafon/Diktaphon
Geographie	Geografie/Geographie
Graphit	Grafit/Graphit
Graphologie	Grafologie/Graphologie
Grammophon	Grammofon/ Grammophon
Kalligraphie	Kalligrafie/ Kalligraphie
Lexikographie	Lexikografie/ Lexikographie
Lithographie	Lithografie/ Lithographie
Megaphon	Megafon/Megaphon
Monographie	Monografie/ Monographie
Orthographie	Orthografie/ Orthographie
Paragraph	Paragraf/Paragraph
Phon	Fon/Phon
phonographisch	fonografisch/ phonographisch

bisherige Schreibung	neue Schreibung
quadrophon	*quadrofon/quadrophon*
Saxophon	*Saxofon/Saxophon*
Seismograph	*Seismograf/ Seismograph*
Stenographie	*Stenografie/ Stenographie*
Topographie	*Topografie/ Topographie*

Regel 5: *Storys* statt *Storys/Stories*

Englische Nomen (Hauptwörter), die auf *-y* enden, bilden den Plural (die Mehrzahl) durch das Anhängen eines *-s*.

Wie Sie der Gegenüberstellung entnehmen können, ist in diesem Bereich der Fremdwortschreibung nur noch eine Schreibweise gültig:

bisherige Schreibung	neue Schreibung
Ladys/Ladies	*Ladys*
Lobbys/Lobbies	*Lobbys*
Partys/Parties	*Partys*
Rowdys/Rowdies	*Rowdys*
Storys/Stories	*Storys*

Regel 6: *substanziell* statt *substantiell*

**Wörter auf *-tial* und *-tiell* können mit *z* ge-
schrieben werden, wenn es verwandte Wörter
auf *z* gibt.**

Auch in diesem Bereich kommt durch die Einführung der neuen Rechtschreibung der Wort-
verwandtschaft wieder mehr Bedeutung zu.

Von dieser Neuregelung sind allerdings nur
wenige Wörter betroffen, darunter:

bisherige Schreibung	neue Schreibung
differential	*differenzial/differential*
essentiell	*essenziell/essentiell*
Justitiar	*Justiziar/Justitiar*
potentiell	*potenziell/potentiell*
präferentiell	*präferenziell/ präferentiell*
sequentiell	*sequenziell/sequentiell*
substantiell	*substanziell/substantiell*

Die Getrennt- und Zusammenschreibung

Bei der Getrennt- und Zusammenschreibung der Wörter spielen verschiedene Faktoren, darunter auch sprachliche Entwicklungsprozesse, eine Rolle. Die Änderungen in diesem Bereich können hier nur ansatzweise dargestellt werden. In Zweifelsfällen sollte der Rechtschreibduden zurate gezogen werden.

Regel 7: *spazieren gehen* statt *spazierengehen*

Verbindungen von einem Verb (Zeitwort) im Infinitiv (in der Grundform) mit einem zweiten Verb (Zeitwort) werden in der Regel getrennt geschrieben.

Das klingt zunächst ziemlich kompliziert. Werfen Sie doch mal einen Blick auf die folgende Gegenüberstellung:

bisherige Schreibung	neue Schreibung
flötengehen („verloren gehen")	*flöten gehen*
spazierenfahren	*spazieren fahren*

Doch wie heißt es so schön: Keine Regel ohne Ausnahme! Verbindungen mit *bleiben* und *lassen* können Sie jetzt zusammen- oder getrennt schreiben, wenn die Verbindung in übertragener Bedeutung verwendet wird: *liegen bleiben* oder *liegenbleiben, stehen lassen* oder *stehenlassen*. Dasselbe gilt für *kennen lernen/kennenlernen*.

Regel 8: *Rad fahren* statt *radfahren*
Verbindungen von Nomen (Hauptwort) und Verb (Zeitwort) werden getrennt geschrieben.
Eingefleischte Kenner der deutschen Rechtschreibung waren früher stolz darauf, die unterschiedlichen Schreibweisen der Wörter *Auto fahren* und *Rad fahren* (alt: *radfahren*) zu kennen.

Diese Regel wurde so vereinfacht, dass nun weitere Verbindungen als Wortgruppe gelten:

bisherige Schreibung	neue Schreibung
radfahren	*Rad fahren*
maschineschreiben	*Maschine schreiben*
kegelschieben	*Kegel schieben*
hofhalten	*Hof halten*

Regel 9: *dabei sein* statt *dabeisein*

Verbindungen mit dem Verb (Zeitwort) *sein* werden jetzt stets getrennt geschrieben.

Diese Regel ist eigentlich so eindeutig, dass sich eine ausführliche Erklärung von selbst erübrigt.

bisherige Schreibung	neue Schreibung
dabeisein	*dabei sein*
zusammensein	*zusammen sein*
ansein	*an sein*
aufsein	*auf sein*

Regel 10: *irgendjemand* statt *irgend jemand*

Verbindungen mit *irgend-* werden zusammengeschrieben.

Auch diese Regel ist leicht zu merken, da die früheren Ausnahmen weggefallen sind.

bisherige Schreibung	neue Schreibung
irgend jemand	*irgendjemand*
irgend etwas	*irgendetwas*

Regel 11: *mit Hilfe/mithilfe* statt *mit Hilfe*

Zum Abschluss dieses Kapitels noch einige Grenzfälle der Getrennt- und Zusammenschreibung. In den folgenden Fällen haben Sie – zum Teil neue – Wahlfreiheiten, da die Wörter getrennt und zusammengeschrieben werden dürfen:

neue Schreibung
so dass/sodass
an Stelle/anstelle
auf Grund/aufgrund
mit Hilfe/mithilfe
zu Lasten/zulasten
zu Gunsten/zugunsten
zu Ungunsten/zuungunsten
auf Seiten/aufseiten
von Seiten/vonseiten
außer Stand/außerstand [sein/setzen]
im Stande/imstande [sein]
in Stand/instand [setzen]
zu Leide/zuleide [tun]
in Frage/infrage [stellen]
zu Mute/zumute [sein]
zu Stande/zustande [bringen]
zu Schanden/zuschanden [machen]
zu Wege/zuwege [bringen]
zu Grunde/zugrunde [gehen]
zu Rande/zurande [kommen]

Die Schreibung mit Bindestrich

Die früheren Regeln für den Gebrauch des Bindestrichs wurden größtenteils beibehalten. Neu darf der Bindestrich etwas großzügiger und freier gesetzt werden. In einigen Fällen dürfen Sie sogar selbst entscheiden, ob Sie einen Bindestrich verwenden wollen. Da dieser Gebrauch jedoch auch Stolpersteine mit sich bringt, sollten Sie sich mit den folgenden Seiten vertraut machen.

Regel 12: *10-jährig* statt *10jährig*

In Zusammensetzungen mit Ziffern wird ein Bindestrich gesetzt.

Früher wurde der Bindestrich ja bereits bei Zusammensetzungen mit Einzelbuchstaben und Abkürzungen wie *T-Shirt, x-Achse, D-Zug, UV-bestrahlt* und *Dipl.-Ing.* gesetzt.

Jetzt darf der Bindestrich auch bei Zusammensetzungen mit Ziffern sein Können unter Beweis stellen:

bisherige Schreibung	neue Schreibung
10mal	*10-mal*
100prozentig	*100-prozentig*
3silbig	*3-silbig*
2stündig	*2-stündig*
2monatig	*2-monatig*
15jährig	*15-jährig*
[der] 15jährige	*[der] 15-Jährige*
3tonner	*3-Tonner*
2pfünder	*2-Pfünder*
8zylinder	*8-Zylinder*

Regel 13: *Lotto-Annahmestelle* statt *Lottoannahmestelle*

Der Bindestrich kann zur Gliederung von unübersichtlichen Zusammensetzungen gesetzt werden.

Bei solchen „Bandwurmwörtern" wurde ja schon früher der Bindestrich verwendet, wenn die Zusammensetzung aus mehr als drei Gliedern bestand: *Gemeindegrundsteuer-Veranlagung, Straßenverkehrs-Zulassungsordnung, Arbeiter-Unfallversicherungsgesetz.*

Nach den neuen Regeln dürfen Sie den Bindestrich auch bei Zusammensetzungen setzen, die aus drei oder weniger Gliedern bestehen. Dadurch können diese Wortungetüme übersichtlich und leserfreundlich gegliedert werden.

Die Schreibung ohne Bindestrich bleibt natürlich weiterhin gültig:

bisherige Schreibung	neue Schreibung
Eishockeyländerspiel	*Eishockeyländerspiel* oder *Eishockey-Länderspiel*
Eisenbahnfahrplan	*Eisenbahnfahrplan* oder *Eisenbahn-Fahrplan*
Fußballbundestrainer	*Fußballbundestrainer* oder *Fußball-Bundestrainer*
Lottoannahmestelle	*Lottoannahmestelle* oder *Lotto-Annahmestelle*

Regel 14: *Centre-Court* statt *Centre Court*
Der Bindestrich kann bei mehrgliedrigen Fremdwörtern zur Unterstützung der Übersichtlichkeit gesetzt werden.
Ab jetzt können Sie mehrteilige Fremdwörter, die aus der englischen Sprache entlehnt sind, zusammenschreiben. Daneben haben Sie die Möglichkeit, die Bestandteile mit einem Bindestrich zu verbinden.

Bei der Entscheidung zwischen der Zusammenschreibung des Wortes oder der Kopplung mit Bindestrich sollten Sie sich die Frage stellen, ob das Fremdwort ohne Bindestrich problemlos gelesen werden kann.

Die folgende Gegenüberstellung zeigt Ihnen einige Fremdwörter, die Sie jetzt wahlweise in einem Wort oder mit Bindestrich schreiben dürfen:

bisherige Schreibung	neue Schreibung
Blackout	*Black-out/Blackout*
Centre Court	*Centre-Court/Centrecourt*
Comeback	*Come-back/Comeback*
Countdown	*Count-down/Countdown*
Feedback	*Feed-back/Feedback*
Handout	*Hand-out/Handout*
Job-sharing	*Job-Sharing/Jobsharing*
Layout	*Lay-out/Layout*
Midlife-crisis	*Midlife-Crisis/Midlifecrisis*
Showdown	*Show-down/Showdown*
Swimming-pool	*Swimming-Pool/ Swimmingpool*

Die Groß- und Kleinschreibung

Bei der Groß- und Kleinschreibung gab es bisher eine Vielzahl von Spitzfindigkeiten und Widersprüchen, die sich (fast) keiner mehr einprägen konnte. Deshalb hat dieser Bereich bei den Reformbemühungen eine wichtige Rolle gespielt.

Als Ergebnis erwartet Sie allerdings keine grundlegende Neuregelung: Nomen (Hauptwörter) werden auch weiterhin mit einem großen Anfangsbuchstaben geschrieben.

Es wurden jedoch einige Ausnahmen beseitigt, um den Grundregeln mehr Geltung zu verleihen. Doch überprüfen Sie das Ergebnis dieser Änderungen doch am besten gleich selbst.

Regel 15: *Ich danke dir für deinen Brief* **statt** *Ich danke Dir für Deinen Brief*

Die Anredepronomen (Anredefürwörter) *du* **und** *ihr* **können mit allen ihren Beugungsformen auch in Briefen und Urkunden kleingeschrieben werden.**

In Briefen und Urkunden müssen Sie ab sofort nur noch das Anredepronomen (Anredefürwort)

Sie mit seinen Beugungsformen großschreiben. Bei den Personen, die Sie duzen, dürfen Sie die Anredeformen jetzt wahlweise klein- oder großschreiben.

Hier ein Beispiel zur Verdeutlichung:

Lieber Hans,

für dein/Dein Schreiben vom vergangenen Montag danke ich dir/Dir. Auch diesmal hast du/Du alles zu meiner Zufriedenheit erledigt.

aber:

Sehr geehrter Herr Müller,

für Ihr Schreiben vom vergangenen Montag danke ich Ihnen. Auch diesmal haben Sie alles zu meiner Zufriedenheit erledigt.

Regel 16: *das ohmsche Gesetz* statt *das Ohmsche Gesetz*

Ableitungen von Personennamen auf *-(i)sch* werden kleingeschrieben.

Zwischen dem *indischen Tee* und dem *ohmschen Gesetz* besteht jetzt also kein Unterschied mehr – zumindest aus orthografischer Sicht.

bisherige Schreibung	neue Schreibung
die Grimmschen Märchen	*die grimmschen Märchen*
das Ohmsche Gesetz	*das ohmsche Gesetz*
die Einsteinsche Relativitätstheorie	*die einsteinsche Relativitätstheorie*

Wenn Sie den Personennamen hervorheben wollen, können Sie auch den Namensteil großschreiben und ihn durch einen Apostroph (Auslassungszeichen) vom übrigen Teil des Wortes abtrennen: *die Grimm'schen Märchen, das Ohm'sche Gesetz, die Einstein'sche Relativitätstheorie.*

Regel 17: *heute Abend* **statt** *heute abend*
Tageszeiten nach den Adverbien (Umstandswörtern) *heute, vorgestern, gestern, morgen* **und** *übermorgen* **werden großgeschrieben.**
Von dieser reformierten Regel sind zum Beispiel folgende Tageszeiten betroffen:

bisherige Schreibung	neue Schreibung
heute mittag	*heute Mittag*
gestern abend	*gestern Abend*
heute nacht	*heute Nacht*
morgen vormittag	*morgen Vormittag*

bisherige Schreibung	neue Schreibung
gestern morgen	*gestern Morgen*
übermorgen nachmittag	*übermorgen Nachmittag*

Regel 18: *das große Los* statt *das Große Los*

Adjektive (Eigenschaftswörter), die mit einem Nomen (Hauptwort) eine feste Verbindung bilden, werden im Normalfall kleingeschrieben.

Bislang schrieb man das *schwarze Brett* groß, während man die *schwarze Liste* mit einem Kleinbuchstaben kennzeichnete. Durch die neue Rechtschreibung wurden viele dieser Fallstricke beseitigt. Jetzt werden diese Verbindungen in der Regel kleingeschrieben:

bisherige Schreibung	neue Schreibung
das Schwarze Brett	*das schwarze Brett*
das Große Los	*das große Los*
das Zweite Gesicht	*das zweite Gesicht*

Keine Regel ohne Ausnahmen: Wenn die feste Verbindung einen Eigennamen bildet, wird das Adjektiv (Eigenschaftswort) großgeschrieben: *der Blaue Planet, das Rote Kreuz, der Stille Oze-*

an, *der Schwarze Kontinent, das Zweite Deutsche Fernsehen, die Vereinten Nationen.*

In einigen Fachsprachen werden auch solche Fügungen wie Eigennamen behandelt, die reine Sachbezeichnungen sind: *die Erste Hilfe (bei Unglücksfällen), die Aktuelle Stunde (im Parlament).*

In der Allgemeinsprache kann das Adjektiv auch großgeschrieben werden, wenn hervorgehoben werden soll, dass die Verbindung in einer neuen Gesamtbedeutung gebraucht wird:
das Schwarze Brett (Anschlagtafel), der Letzte Wille (Testament).

Regel 19: *Groß und Klein* statt *groß und klein*
Paarformeln für die Bezeichnung von Personen werden großgeschrieben.

Bei der Schreibung von Paarformeln müssen Sie jetzt keine Unterscheidung mehr zwischen ungebeugten und gebeugten Bezeichnungen wie *groß und klein*, aber: *die Großen und die Kleinen* treffen. Die neue Rechtschreibung sieht in allen Fällen die Großschreibung vor:

bisherige Schreibung	neue Schreibung
arm und reich	*Arm und Reich*
jung und alt	*Jung und Alt*
groß und klein	*Groß und Klein*
gleich und gleich	*Gleich und Gleich*

Die Zeichensetzung

Die neuen Rechtschreibregeln zielen bei der Zeichensetzung in erster Linie darauf ab, die Kommaregeln zu vereinfachen. Die Regeln für den Gebrauch der anderen Satzzeichen wie Punkt, Doppelpunkt, Fragezeichen, Ausrufezeichen usw. haben sich nicht verändert.

Regel 20: *Ich gehe ins Kino oder ich singe* statt *Ich gehe ins Kino, oder ich singe*
Bei Hauptsätzen, die mit *und* bzw. *oder* verbunden sind, kann ein Komma gesetzt werden, um die Gliederung des Satzes zu verdeutlichen.
Auch hierzu gleich einige Beispiele:

bisherige Kommasetzung	neue Kommasetzung
Andreas löst ein Rätsel, und Sabine malt ein Bild.	*Andreas löst ein Rätsel[,] und Sabine malt ein Bild.*
Felix fährt nach Berlin, und Elke fährt nach Bonn.	*Felix fährt nach Berlin[,] und Elke fährt nach Bonn.*
Ich gehe ins Schwimmbad, oder ich besuche ein Konzert.	*Ich gehe ins Schwimmbad[,] oder ich besuche ein Konzert.*

Regel 21: *Er versprach den Text zu lernen* statt *Er versprach, den Text zu lernen*

Bei Infinitivgruppen (Grundformgruppen) muss in nur noch drei Fällen ein Komma gesetzt werden.

Fall 1: Die Infinitivgruppe (Grundformgruppe) wird mit *als, [an]statt, außer, ohne* oder *um* eingeleitet:

Er konnte nichts Besseres tun, als zu verreisen.

Ohne zu zögern, kaufte ich die Kamera.

Fall 2: Die Infinitivgruppe (Grundformgruppe) hängt von einem Nomen (Hauptwort) im übergeordneten Satz ab:

Sie fasste den Gedanken, den Arbeitsplatz zu wechseln.

Er hat den Wunsch, seine handwerklichen Fähigkeiten unter Beweis zu stellen.

Fall 3: Die Infinitivgruppe (Grundformgruppe) wird durch ein hinweisendes Wort angekündigt oder wieder aufgenommen:

Hier bin ich dafür, sofort abzustimmen.

Diese Sprache zu erlernen, das war ihr Wunsch.

In allen anderen Fällen ist die Kommasetzung freigestellt:

Er versprach[,] den Text zu lernen.

Die Worttrennung am Zeilenende (Silbentrennung)

Aus eigener Erfahrung wissen Sie, dass die früheren Regeln für die Worttrennung am Zeilenende für einen „Normalsterblichen" mit Vorsicht zu genießen waren.

Neben fremdsprachlichen Kenntnissen waren eine Reihe von Ausnahmen zu beherzigen, um die Wörter korrekt zu trennen. Das Trennungsverbot von *st* und die Auflösung von *ck* in *k-k* zählen vermutlich zu den berüchtigtsten Fallstricken, die Ihnen bestimmt noch in Erinnerung geblieben sind.

Durch die neuen Rechtschreibregeln wurde die Worttrennung am Zeilenende erheblich vereinfacht. Durch die Beseitigung von Besonderheiten kommt den Grundregeln (wieder) mehr Bedeutung zu.

Regel 22: *Fens-ter* statt *Fen-ster*
Die Buchstabenfolge *st* wird wie *sp, sk, pf* usw. getrennt.
Die Eselsbrücke „Trenne nie das *s* vom *t*, denn es tut den beiden weh!" führt Sie nicht mehr ans richtige Ziel. Das Trennungsverbot von *st* wurde aufgehoben.

bisherige Worttrennung	neue Worttrennung
Mu-ster	*Mus-ter*
We-ste	*Wes-te*
Ki-ste	*Kis-te*
Fen-ster	*Fens-ter*
mei-stens	*meis-tens*
ge-stern	*ges-tern*
flü-stern	*flüs-tern*

Regel 23: *Zu-cker* statt *Zuk-ker*

Die Buchstabenfolge *ck* wird wie *ch, sch, ph* usw. auf die nächste Zeile gesetzt.

Bei der Worttrennung wird das *ck* jetzt nicht mehr in *k-k* aufgelöst, sondern in die nächste Zeile übernommen:

bisherige Worttrennung	neue Worttrennung
Dek-ke	*De-cke*
Bäk-ker	*Bä-cker*
Zuk-ker	*Zu-cker*
pak-ken	*pa-cken*
trok-ken	*tro-cken*

Regel 24: *möb-liert* statt *mö-bliert*

Die Buchstabenverbindungen aus Konsonant (Mitlaut) plus *l, m, n* oder *r* können jetzt auch in Fremdwörtern getrennt werden.

bisherige Worttrennung	neue Worttrennung
Di-plom	*Dip-lom/Di-plom*
Ma-gnet	*Mag-net/Ma-gnet*
Sa-kra-ment	*Sak-ra-ment/Sa-kra-ment*

Regel 25: *wa-rum* **statt** *war-um*

Wörter, die nicht mehr als Zusammensetzungen erkannt werden, kann man nach Sprechsilben trennen.

Bislang musste man bei einheimischen Wörtern, bei denen es sich – sprachgeschichtlich gesehen – um Zusammensetzungen handelt, zwischen den einzelnen Bestandteilen trennen: *war-um, hin-auf, her-an, ein-an-der, dar-auf, dar-um.*

Bei zusammengesetzten Fremdwörtern waren die Wortgrenzen oft nicht leicht zu erkennen: *Chir-urg, He-li-ko-pter, Päd-ago-ge, Nost-al-gie, par-al-lel.*

Ab sofort können Sie diese Wörter auch so trennen, wie sie sich beim lang-sa-men Sprechen von selbst er-ge-ben. Die bisherigen Worttrennungen bleiben weiterhin gültig.

bisherige Worttrennung	neue Worttrennung
war-um	*war-um/wa-rum*
hin-auf	*hin-auf/hi-nauf*
her-an	*her-an/he-ran*
ein-an-der	*ein-an-der/ ei-nan-der*
dar-auf	*dar-auf/da-rauf*
dar-um	*dar-um/da-rum*
Chir-urg	*Chir-urg/Chi-rurg*
He-li-ko-pter	*He-li-ko-pter/ He-li-kop-ter*
Päd-ago-ge	*Päd-ago-ge/ Pä-da-go-ge*
Nost-al-gie	*Nost-al-gie/ Nos-tal-gie*
par-al-lel	*par-al-lel/pa-ral-lel*
Hekt-ar	*Hekt-ar/Hek-tar*

Teil II

Neuschreibungen
von A bis Z

Diese Liste ist eine umfangreiche Zusammenstellung der geltenden neuen, gegenüber der alten Regelung von vor 1996 veränderten Schreibungen; sie erhebt aber keinen Anspruch auf Vollständigkeit.

Zur Verdeutlichung sind die Stichwörter gelegentlich in einen typischen Kontext eingebettet; die Liste kann jedoch die ausführlichen Darstellungen eines Rechtschreibwörterbuchs, das auch zeigt, was in Zukunft unverändert bleibt, nicht ersetzen.

Neu hinzugekommene Schreibvarianten sind mit „auch:" angekündigt; solche Varianten sind in der Regel als gleichwertige Schreibweisen anzusehen. Die amtliche Regelung 2006 enthält zumeist keine explizite Variantenführung.

A

alt	neu
[gestern, heute, morgen] abend	[gestern, heute, morgen] Abend
aberhundert	*auch:* Aberhundert
Aberhunderte	*auch:* aberhunderte
abertausend	*auch:* Abertausend
Abertausende	*auch:* abertausende
Abfluß	Abfluss
abgeblaßt	abgeblasst
Abguß	Abguss
abhanden kommen	abhandenkommen
Ablaß	Ablass
Abriß	Abriss
Abschluß	Abschluss
Abschuß	Abschuss
absein	ab sein
abseits stehen	abseitsstehen
Abszeß	Abszess
achtgeben	*auch:* Acht geben *aber nur:* sehr achtgeben, allergrößte Acht geben
achthaben	*auch:* Acht haben

alt	neu
in acht nehmen	in Acht nehmen
außer acht lassen	außer Acht lassen
8achser	8-Achser
der/die achte, den/die ich sehe	der/die Achte, den/die ich sehe
jeder/jede achte kommt mit	jeder/jede Achte kommt mit
8fach	*auch:* 8-fach
8jährig	8-jährig
der/die 8jährige	der/die 8-Jährige
8mal	8-mal
achtmillionenmal	acht Millionen Mal
8tonner	8-Tonner
achtunggebietend	*auch:* Achtung gebietend
über Achtzig	über achtzig
Mitte [der] Achtzig	Mitte [der] achtzig
in die Achtzig kommen	in die achtzig kommen
die achtziger Jahre	*auch:* die Achtzigerjahre
die Achtzigerjahre	*auch:* die achtziger Jahre
ackerbautreibende Völker	*auch:* Ackerbau treibende Völker
Action-painting	Actionpainting *auch:* Action-Painting
ade sagen	*auch:* Ade sagen
Aderlaß	Aderlass
Adhäsionsverschluß	Adhäsionsverschluss
Adreßbuch	Adressbuch

alt	neu
afro-amerikanisch	afroamerikanisch
afro-asiatisch	afroasiatisch
Afro-Look	Afrolook
After-shave	Aftershave
After-shave-Lotion	Aftershavelotion *auch:* Aftershave-Lotion
ähnlich sehen (in übertra- gener Bedeutung)	ähnlichsehen
ich habe ähnliches erlebt	ich habe Ähnliches erlebt
und/oder ähnliches (u. ä./o. ä.)	und/oder Ähnliches (u. Ä./o. Ä.)
Alkoholmißbrauch	Alkoholmissbrauch
alleinerziehend	*auch:* allein erziehend
alleinseligmachend	allein seligmachend *auch:* allein selig machend
allein stehen (ohne Familie, Partner sein)	alleinstehen
es ist das allerbeste, daß ...	es ist das Allerbeste, dass ...
im allgemeinen	im Allgemeinen
allzubald	allzu bald
allzufrüh	allzu früh
allzugern	allzu gern
allzulange	allzu lange
allzuoft	allzu oft
allzusehr	allzu sehr
allzuviel	allzu viel
allzuweit	allzu weit

alt	neu
Alma mater	Alma Mater
Alpdruck	*auch:* Albdruck
Alptraum	*auch:* Albtraum
als daß	als dass
aus alt mach neu	aus Alt mach Neu
für alt und jung	für Alt und Jung
er ist immer der alte geblieben	er ist immer der Alte geblieben
alles beim alten lassen	alles beim Alten lassen
Alter ego	Alter Ego
alt machen	*auch:* altmachen
altwienerisch	alt-wienerisch
Amboß	Amboss
Anbiß	Anbiss
andersdenkend	*auch:* anders denkend
andersgeartet	*auch:* anders geartet
anderslautend	*auch:* anders lautend
angepaßt	angepasst
Angepaßtheit	Angepasstheit
Anglo-Amerikaner	Angloamerikaner
jmdm. angst machen	jmdm. Angst machen
Anlaß	Anlass
anläßlich	anlässlich
Anriß	Anriss
Anschiß	Anschiss
Anschluß	Anschluss

alt	neu
ansein	an sein
im argen liegen	im Argen liegen
arm machen	*auch:* armmachen
bei arm und reich	bei Arm und Reich
Armee-Einheit	*auch:* Armeeeinheit
Aschantinuß	Aschantinuss
As	Ass
aufgepaßt!	aufgepasst!
aufgerauht	aufgeraut
Aufguß	Aufguss
Auflösungsprozeß	Auflösungsprozess
aufrauhen	aufrauen
Aufriß	Aufriss
Aufschluß	Aufschluss
aufschlußreich	aufschlussreich
ein aufsehenerregendes Ereignis	*auch:* ein Aufsehen erregendes Ereignis
aufsein	auf sein
auf seiten	aufseiten, *auch:* auf Seiten
der aufsichtführende Lehrer	*auch:* der Aufsicht führende Lehrer
aufwendig	*auch:* aufwändig
Ausfluß	Ausfluss
Ausguß	Ausguss
Ausschluß	Ausschluss
Ausschuß	Ausschuss
aussein	aus sein

alt	neu
aufs äußerste gespannt	*auch:* aufs Äußerste gespannt
außerstande	*auch:* außer Stande

B

alt	neu
Bajonettverschluß	Bajonettverschluss
Ballettänzerin	Balletttänzerin *auch:* Ballett-Tänzerin
Ballokal	Balllokal, *auch:* Ball-Lokal
Bänderriß	Bänderriss
jmdm. [angst und] bange machen	jmdm. [Angst und] Bange machen
bankrott gehen	bankrottgehen
Baroneß	Baroness
baselstädtisch	basel-städtisch
baß erstaunt	bass erstaunt
Baß	Bass
Baßgeige	Bassgeige
Baßsänger	Basssänger, *auch:* Bass-Sänger
Baukostenzuschuß	Baukostenzuschuss
beeinflußbar	beeinflussbar
Beeinflußbarkeit	Beeinflussbarkeit
beeinflußt	beeinflusst
befaßt	befasst
Begrüßungskuß	Begrüßungskuss
behende	behände

alt	neu
Behendigkeit	Behändigkeit
beifallheischend	*auch:* Beifall heischend
beisammensein	beisammen sein
Beischluß	Beischluss
beiseite lassen	beiseitelassen
beiseite legen	beiseitelegen
beiseite schaffen	beiseiteschaffen
beiseite schieben	beiseiteschieben
bekanntgeben	*auch:* bekannt geben
bekanntmachen	*auch:* bekannt machen
bekanntwerden	*auch:* bekannt werden
belemmert	belämmert
jeder beliebige	jeder Beliebige
sich bereit erklären	*auch:* sich bereiterklären
sich bereit finden	sich bereitfinden
Beschiß	Beschiss
Beschluß	Beschluss
beschlußfähig	beschlussfähig
Beschlußfassung	Beschlussfassung
Beschuß	Beschuss
ich will im besonderen erwähnen ...	ich will im Besonderen erwähnen ...
es ist das beste, wenn ...	es ist das Beste, wenn ...
aufs beste geregelt sein	*auch:* aufs Beste geregelt sein
zum besten geben	zum Besten geben
zum besten haben/halten	zum Besten haben/halten

alt	neu
das erste beste	das erste Beste
Bestelliste	Bestellliste *auch:* Bestell-Liste
bestgehaßt	bestgehasst
bestußt	bestusst
Betelnuß	Betelnuss
um ein beträchtliches höher	um ein Beträchtliches höher
in betreff	in Betreff
betreßt	betresst
Bettuch (zu: Bett)	Betttuch, *auch:* Bett-Tuch
bevorschußt	bevorschusst
bewußt	bewusst
bewußtlos	bewusstlos
Bewußtlosigkeit	Bewusstlosigkeit
Bewußtsein	Bewusstsein
in bezug auf	in Bezug auf
bezuschußt	bezuschusst
Bibliographie	*auch:* Bibliografie
Bierfaß	Bierfass
sich etwas bieten lassen	*auch:* sich etwas bietenlassen
die Bismarckschen Sozialgesetze	die bismarckschen Sozialgesetze *auch:* die Bismarck'schen Sozialgesetze
Biß	Biss
bißchen	bisschen

alt	neu
du sollst bitte sagen	*auch:* du sollst Bitte sagen
es ist bitter kalt	es ist bitterkalt
Bittag	Bitttag, *auch:* Bitt-Tag
Blackout	*auch:* Black-out
blank polieren	*auch:* blankpolieren
blankpoliert	*auch:* blank poliert
blaß	blass
Bläßhuhn/Bleßhuhn	Blässhuhn/Blesshuhn
bläßlich	blässlich
blaßrosa	blassrosa
Blattschuß	Blattschuss
der blaue Planet (die Erde)	der Blaue Planet
blau färben	*auch:* blaufärben
blaugestreift	*auch:* blau gestreift
bleibenlassen (unterlassen)	*auch:* bleiben lassen
blondgefärbt	*auch:* blond gefärbt
sich bloßstrampeln	sich bloß strampeln
Blow-up	*auch:* Blowup
Bluterguß	Bluterguss
Bonbonniere	*auch:* Bonboniere
Börsentip	Börsentipp
im bösen wie im guten	im Bösen wie im Guten
Boß	Boss
Bouclé	*auch:* Buklee
braungebrannt	*auch:* braun gebrannt
des langen und breiten	des Langen und Breiten

alt	neu
breitgefächert	*auch:* breit gefächert
Brennessel	Brennnessel *auch:* Brenn-Nessel
Bruderkuß	Bruderkuss
Brummbaß	Brummbass
buntgefiedert	*auch:* bunt gefiedert
buntschillernd	*auch:* bunt schillernd
Büroschluß	Büroschluss
Butterfaß	Butterfass

C

alt	neu
Cashewnuß	Cashewnuss
Centre Court	Centrecourt *auch:* Centre-Court
Chansonnier	*auch:* Chansonier
Choreographie	*auch:* Choreografie
Cleverneß	Cleverness
Comeback	*auch:* Come-back
Coming-out	*auch:* Comingout
Corned beef	Cornedbeef *auch:* Corned Beef
Corpus delicti	Corpus Delicti
Countdown	*auch:* Count-down

D

alt	neu
dabeisein	dabei sein
daheim bleiben	daheimbleiben
Dampfschiffahrt	Dampfschifffahrt
Danaidenfaß	Danaidenfass
danke sagen	*auch:* Danke sagen
darauffolgend	*auch:* darauf folgend
Darmverschluß	Darmverschluss
dasein	da sein
daß	dass
daß-Satz	dass-Satz, *auch:* Dasssatz
datenverarbeitend	*auch:* Daten verarbeitend
Dein (in Briefen)	*auch:* dein
mein und dein verwechseln	Mein und Dein verwechseln
die Deinen	*auch:* die deinen
die Deinigen	*auch:* die deinigen
Dekolleté	*auch:* Dekolletee
Delikateßgurke	Delikatessgurke
Delikateßsenf	Delikatesssenf *auch:* Delikatess-Senf
Delphin	*auch:* Delfin
Denkprozeß	Denkprozess
wir haben derartiges nicht bemerkt	wir haben Derartiges nicht bemerkt
dessenungeachtet	dessen ungeachtet
des weiteren	des Weiteren
auf deutsch	auf Deutsch

alt	neu
deutschsprechend	*auch:* Deutsch sprechend
diät leben	Diät leben
Dich (in Briefen)	*auch:* dich
dichtbehaart	*auch:* dicht behaart
dichtgedrängt	*auch:* dicht gedrängt
dick machen	*auch:* dickmachen
Differential	*auch:* Differenzial
Diktaphon	*auch:* Diktafon
Dir (in Briefen)	*auch:* dir
Doppelpaß	Doppelpass
dortzulande	*auch:* dort zu Lande
draufsein	drauf sein
Dreß	Dress
etwas aufs dringendste fordern	*auch:* etwas aufs Dringendste fordern
drinsein	drin sein
jeder dritte, der mitwollte	jeder Dritte, der mitwollte
zum dritten	zum Dritten
die dritte Welt	die Dritte Welt
Du (in Briefen)	*auch:* du
auf du und du stehen	auf Du und Du stehen
im dunkeln tappen	im Dunkeln tappen
im dunkeln bleiben	im Dunkeln bleiben
dünnbesiedelt	*auch:* dünn besiedelt
Dünnschiß	Dünnschiss
Durchfluß	Durchfluss
Durchlaß	Durchlass

alt	neu
durchnumerieren	durchnummerieren
Durchschuß	Durchschuss
durchsein	durch sein
dußlig	dusslig
Dußligkeit	Dussligkeit
Dutzende Reklamationen	*auch:* dutzende Reklamationen
Dutzende von Reklamationen	*auch:* dutzende von Reklamationen

E

alt	neu
ebensogut	ebenso gut
ebensosehr	ebenso sehr
ebensoviel	ebenso viel
ebensowenig	ebenso wenig
an Eides Statt	an Eides statt
sein eigen nennen	sein Eigen nennen
einbleuen	einbläuen
aufs eindringlichste warnen	*auch:* aufs Eindringlichste warnen
das einfachste ist, wenn ...	das Einfachste ist, wenn ...
Einfluß	Einfluss
einflußreich	einflussreich
aufs eingehendste untersuchen	*auch:* aufs Eingehendste untersuchen
Einlaß	Einlass

alt	neu
einläßlich	einlässlich
Einriß	Einriss
Einschluß	Einschluss
Einschuß	Einschuss
Einschußstelle	Einschussstelle *auch:* Einschuss-Stelle
Einsendeschluß	Einsendeschluss
der/die/das einzelne kann ...	der/die/das Einzelne kann ...
jeder einzelne von uns	jeder Einzelne von uns
bis ins einzelne geregelt	bis ins Einzelne geregelt
ins einzelne gehend	ins Einzelne gehend
einzelnstehend	*auch:* einzeln stehend
der/die/das einzige wäre ...	der/die/das Einzige wäre ...
kein einziger war gekommen	kein Einziger war gekommen
er als einziger/sie als einzige hatte ...	er als Einziger/sie als Einzige hatte ...
das einzigartige ist, daß ...	das Einzigartige ist, dass ...
Eisenguß	Eisenguss
die eisenverarbeitende Industrie	*auch:* die Eisen verarbeitende Industrie
energiebewußt	energiebewusst
aufs engste verflochten	*auch:* aufs Engste verflochten
engbefreundet	*auch:* eng befreundet
engbedruckt	*auch:* eng bedruckt
Engpaß	Engpass

alt	neu
nicht im entferntesten beabsichtigen	nicht im Entferntesten beabsichtigen
auf das entschiedenste zurückweisen	*auch:* auf das Entschiedenste zurückweisen
Entschluß	Entschluss
ein Entweder-Oder gibt es hier nicht	ein Entweder-oder gibt es hier nicht
Entwicklungsprozeß	Entwicklungsprozess
erblaßt	erblasst
Erdnuß	Erdnuss
die erdölexportierenden Länder	*auch:* die Erdöl exportierenden Länder
erfaßbar	erfassbar
erfaßt	erfasst
Erguß	Erguss
erholungsuchende Großstädter	*auch:* Erholung suchende Großstädter
Erlaß	Erlass
ermeßbar	ermessbar
ernstgemeint	*auch:* ernst gemeint
ernstzunehmend	*auch:* ernst zu nehmend
erpreßbar	erpressbar
nicht den erstbesten nehmen	nicht den Erstbesten nehmen
der erste, der gekommen ist	der Erste, der gekommen ist
das reicht fürs erste	das reicht fürs Erste
zum ersten, zum zweiten, zum dritten	zum Ersten, zum Zweiten, zum Dritten

alt	neu
das erstemal	das erste Mal
zum erstenmal	zum ersten Mal
Erstkläßler	Erstklässler
die Erstplazierten	die Erstplatzierten
eßbar	essbar
Eßbesteck	Essbesteck
Eßecke	Essecke
essentiell	*auch:* essenziell
Eßlöffel	Esslöffel
eßlöffelweise	esslöffelweise
Eßtisch	Esstisch
etlichemal	etliche Mal
Euch (in Briefen)	*auch:* euch
Euer (in Briefen)	*auch:* euer
die Euren	*auch:* die euren
die Eurigen	*auch:* die eurigen
Existentialismus	*auch:* Existenzialismus
existentialistisch	*auch:* existenzialistisch
existentiell	*auch:* existenziell
Exportüberschuß	Exportüberschuss
Exposé	*auch:* Exposee
expreß	express
Expreßreinigung	Expressreinigung
Expreßzug	Expresszug
Exzeß	Exzess

F

alt	neu
Fabrikationsprozeß	Fabrikationsprozess
Fairneß	Fairness
Fair play	Fair Play, *auch:* Fairplay
fallenlassen (in übertragener Bedeutung)	*auch:* fallen lassen
Fallinie	Falllinie, *auch:* Fall-Linie
Fallout	*auch:* Fall-out
Familienanschluß	Familienanschluss
Fangschuß	Fangschuss
Faß	Fass
faßbar	fassbar
Faßbier	Fassbier
Fäßchen	Fässchen
faßlich	fasslich
du faßt	du fasst
Fast food	Fastfood, *auch:* Fast Food
Faxanschluß	Faxanschluss
Feedback	*auch:* Feed-back
Fehlpaß	Fehlpass
Fehlschuß	Fehlschuss
feingemahlen	*auch:* fein gemahlen
Fertigungsprozeß	Fertigungsprozess
festangestellt	*auch:* fest angestellt
festumrissen	*auch:* fest umrissen
festverwurzelt	*auch:* fest verwurzelt

alt	neu
fettgedruckt	*auch:* fett gedruckt
feuerspeiende Drachen	*auch:* Feuer speiende Drachen
die fischverarbeitende Industrie	*auch:* die Fisch verarbeitende Industrie
Fitneß	Fitness
flach drücken	*auch:* flachdrücken
Flachschuß	Flachschuss
fleischfressende Pflanzen	*auch:* Fleisch fressende Pflanzen
Flohbiß	Flohbiss
das Bier floß in Strömen	das Bier floss in Strömen
flötengehen	flöten gehen
Fluß	Fluss
flußabwärts	flussabwärts
flußaufwärts	flussaufwärts
Flußbett	Flussbett
Flüßchen	Flüsschen
Flußdiagramm	Flussdiagramm
Flußsand	Flusssand, *auch:* Fluss-Sand
Flußschiffahrt	Flussschifffahrt *auch:* Fluss-Schifffahrt
Flußspat	Flussspat, *auch:* Fluss-Spat
die Haare fönen	die Haare föhnen
folgendes ist zu beachten	Folgendes ist zu beachten
wie im folgenden erläutert	wie im Folgenden erläutert
Fraktionsausschuß	Fraktionsausschuss

alt	neu
Fraktionsbeschluß	Fraktionsbeschluss
Free climbing	Freeclimbing *auch:* Free Climbing
Freßgier	Fressgier
Freßpaket	Fresspaket
Freßsack	Fresssack, *auch:* Fress-Sack
Friedensschluß	Friedensschluss
fritieren	frittieren
frohgelaunt	*auch:* froh gelaunt
frühverstorben	*auch:* früh verstorben
Full-time-Job	Fulltimejob *auch:* Fulltime-Job
Fünfpaß	Fünfpass
funkensprühend	*auch:* Funken sprühend
Funkmeßtechnik	Funkmesstechnik
Fußballänderspiel	Fußballländerspiel *auch:* Fußball-Länderspiel
keinen Fußbreit weichen	*auch:* keinen Fuß breit weichen

G

alt	neu
Gangsterboß	Gangsterboss
im ganzen gesehen	im Ganzen gesehen
im großen und ganzen	im Großen und Ganzen
Gärungsprozeß	Gärungsprozess
Gäßchen	Gässchen

alt	neu
gefaßt	gefasst
gefirnißt	gefirnisst
es ist das gegebene, schnell zu handeln	es ist das Gegebene, schnell zu handeln
von allen gehaßt	von allen gehasst
Gelaß	Gelass
Gemse	Gämse
wir haben gemußt	wir haben gemusst
die Wunde hat genäßt	die Wunde hat genässt
aufs genaueste festgelegt	*auch:* aufs Genaueste festgelegt
genausogut	genauso gut
genausowenig	genauso wenig
Generalbaß	Generalbass
sie genoß den Sonnenschein	sie genoss den Sonnenschein
Genuß	Genuss
genüßlich	genüsslich
Genußmittel	Genussmittel
genußsüchtig	genusssüchtig
Geographie	*auch:* Geografie
es hat gut gepaßt	es hat gut gepasst
wir haben gepraßt	wir haben geprasst
frisch gepreßter Saft	frisch gepresster Saft
Gerichtsbeschluß	Gerichtsbeschluss
um ein geringes weniger	um ein Geringes weniger
geringschätzen	*auch:* gering schätzen

alt	neu
es geht ihn nicht das geringste an	es geht ihn nicht das Geringste an
nicht im geringsten stören	nicht im Geringsten stören
gern haben (mögen)	gernhaben
Geruchsverschluß	Geruchsverschluss
Geschäftsschluß	Geschäftsschluss
er wurde geschaßt	er wurde geschasst
Geschichtsbewußtsein	Geschichtsbewusstsein
Geschirreiniger	Geschirrreiniger *auch:* Geschirr-Reiniger
gestern abend/morgen/nacht	gestern Abend/Morgen/Nacht
alle waren gestreßt	alle waren gestresst
gesund pflegen	*auch:* gesundpflegen
getrenntlebend	*auch:* getrennt lebend
Gewinnummer	Gewinnnummer *auch:* Gewinn-Nummer
gewiß	gewiss
Gewissensbiß	Gewissensbiss
Gewißheit	Gewissheit
gewißlich	gewisslich
ich habe es gewußt	ich habe es gewusst
Ginkgo	*auch:* Ginko
Glacéhandschuh	*auch:* Glaceehandschuh
glatthobeln	*auch:* glatt hobeln
glattstreichen	*auch:* glatt streichen
das gleiche tun	das Gleiche tun

alt	neu
aufs gleiche hinauskommen	aufs Gleiche hinauskommen
gleich und gleich gesellt sich gern	Gleich und Gleich gesellt sich gern
gleichlautend	*auch:* gleich lautend
Gleisanschluß	Gleisanschluss
Glimmstengel	Glimmstängel
Gnadenerlaß	Gnadenerlass
die Goetheschen Dramen	die goetheschen Dramen *auch:* die Goethe'schen Dramen
Graphit	*auch:* Grafit
Graphologie	*auch:* Grafologie
gräßlich	grässlich
graugestreift	*auch:* grau gestreift
grellbeleuchtet	*auch:* grell beleuchtet
Grenzfluß	Grenzfluss
Greuel	Gräuel
greulich	gräulich
griffest	grifffest
jmdn. aufs gröbste beleidigen	*auch:* jmdn. aufs Gröbste beleidigen
grobgemahlen	*auch:* grob gemahlen
ein Programm für groß und klein	ein Programm für Groß und Klein
die große Koalition	*auch:* die Große Koalition
im großen und ganzen	im Großen und Ganzen
das größte wäre, wenn …	das Größte wäre, wenn …

alt	neu
Großschiffahrtsweg	Großschifffahrtsweg
groß schreiben (mit großem Anfangsbuchstaben)	großschreiben
Guß	Guss
Gußeisen	Gusseisen
gußeisern	gusseisern
guten Tag sagen	*auch:* Guten Tag sagen
es im guten versuchen	es im Guten versuchen
gutaussehend	*auch:* gut aussehend
gutbezahlt	*auch:* gut bezahlt
gutgehend	*auch:* gut gehend
gutgelaunt	*auch:* gut gelaunt
gutgemeint	*auch:* gut gemeint
gutunterrichtet	*auch:* gut unterrichtet

H

alt	neu
Hämorrhoide	*auch:* Hämorride
händchenhaltend	*auch:* Händchen haltend
handeltreibend	*auch:* Handel treibend
Handkuß	Handkuss
Handout	*auch:* Hand-out
Happy-End	Happyend *auch:* Happy End
Haraß	Harass
Hard cover	Hardcover

alt	neu
Hard-cover-Einband	Hardcovereinband *auch:* Hardcover-Einband
hartgekocht	*auch:* hart gekocht
Haselnuß	Haselnuss
Haselnußstrauch	Haselnussstrauch *auch:* Haselnuss-Strauch
Haß	Hass
haßerfüllt	hasserfüllt
häßlich	hässlich
Häßlichkeit	Hässlichkeit
Haßliebe	Hassliebe
du haßt	du hasst
Hauptschulabschluß	Hauptschulabschluss
nach Hause	*auch:* nachhause
zu Hause	*auch:* zuhause
haushalten	*auch:* Haus halten
Haushaltsausschuß	Haushaltsausschuss
Hawaii-Insel	*auch:* Hawaiiinsel
Heavy metal	Heavy Metal
Heilungsprozeß	Heilungsprozess
heißbegehrt	*auch:* heiß begehrt
heißgeliebt	*auch:* heiß geliebt
heißumkämpft	*auch:* heiß umkämpft
helleuchtend	hellleuchtend *auch:* hell leuchtend
hellicht	helllicht
hellila	helllila

alt	neu
hellodernd	helllodernd *auch:* hell lodernd
heransein	heran sein
heraussein	heraus sein
Heringsfaß	Heringsfass
hersein	her sein
herumsein	herum sein
heruntersein	herunter sein
Herzas	Herzass
jmdn. auf das herzlichste begrüßen	*auch:* jmdn. auf das Herzlichste begrüßen
heute abend/mittag/nacht	heute Abend/Mittag/Nacht
Hexenschuß	Hexenschuss
hiersein	hier sein
hierzulande	*auch:* hier zu Lande
High-Society	High Society
sich hilfesuchend umsehen	*auch:* sich Hilfe suchend umsehen
hinaussein	hinaus sein
es wurde etwas hinein-geheimnißt	es wurde etwas hinein-geheimnisst
hinsein	hin sein
hinterhersein	hinterher sein
hinübersein	hinüber sein
er hißt die Flagge	er hisst die Flagge
Hochgenuß	Hochgenuss
Hochschulabschluß	Hochschulabschluss

alt	neu
aufs höchste erfreut sein	*auch:* aufs Höchste erfreut sein
hofhalten	Hof halten
hohnlachen	*auch:* Hohn lachen
das holzverarbeitende Gewerbe	*auch:* das Holz verarbeitende Gewerbe
Hosteß	Hostess
Hot dog	Hotdog, *auch:* Hot Dog
ein paar hundert	*auch:* ein paar Hundert
viele Hunderte	*auch:* viele hunderte
Hunderte von Zuschauern	*auch:* hunderte von Zuschauern
Hungers sterben	hungers sterben
hurra schreien	*auch:* Hurra schreien

I

alt	neu
auch Ihr seid herzlich eingeladen (in Briefen)	*auch:* auch ihr seid herzlich eingeladen
im allgemeinen	im Allgemeinen
im besonderen	im Besonderen
Imbiß	Imbiss
Imbißstand	Imbissstand *auch:* Imbiss-Stand
im einzelnen	im Einzelnen
im nachhinein	im Nachhinein
Impfpaß	Impfpass

alt	neu
imstande	*auch:* im Stande
im übrigen	im Übrigen
im voraus	im Voraus
im vorhinein	im Vorhinein
in betreff	in Betreff
in bezug auf	in Bezug auf
Indizes	*auch:* Indices
Indizienprozeß	Indizienprozess
inessentiell	*auch:* inessenziell
Informationsfluß	Informationsfluss
in Frage stellen	*auch:* infrage stellen
in Frage kommen	*auch:* infrage kommen
innesein	inne sein
insektenfressende Pflanzen	*auch:* Insekten fressende Pflanzen
instand halten	*auch:* in Stand halten
instand setzen	*auch:* in Stand setzen
I-Punkt	i-Punkt
irgend etwas	irgendetwas
irgend jemand	irgendjemand
Irish coffee	Irish Coffee
I-Tüpfelchen	i-Tüpfelchen

J

alt	neu
ja sagen	*auch:* Ja sagen
Jagdschloß	Jagdschloss
Jäheit	Jähheit
Jahresabschluß	Jahresabschluss
2jährig, 3jährig, 4jährig …	2-jährig, 3-jährig, 4-jährig …
ein 2jähriger, 3jähriger, 4jähriger kann das noch nicht verstehen	ein 2-Jähriger, 3-Jähriger, 4-Jähriger kann das noch nicht verstehen
Jaß	Jass
du jaßt	du jasst
Jauchefaß	Jauchefass
jedesmal	jedes Mal
Joghurt	*auch:* Jogurt
Joint-venture	Joint Venture
Judaskuß	Judaskuss
Julierpaß	Julierpass
Jumbo-Jet	*auch:* Jumbojet
für jung und alt	für Jung und Alt

K

alt	neu
Kabelanschluß	Kabelanschluss
Kabinettsbeschluß	Kabinettsbeschluss
Kaffee-Ernte	*auch:* Kaffeeernte
Kaffee-Ersatz	*auch:* Kaffeeersatz
kahlfressen	*auch:* kahl fressen

alt	neu
Kalligraphie	*auch:* Kalligrafie
kalorienbewußt	kalorienbewusst
kaltlächelnd	*auch:* kalt lächelnd
Kameraverschluß	Kameraverschluss
Kammacher	Kammmacher *auch:* Kamm-Macher
Kämmaschine	Kämmmaschine *auch:* Kämm-Maschine
Kammuschel	Kammmuschel *auch:* Kamm-Muschel
Känguruh	Känguru
Kanonenschuß	Kanonenschuss
Kapselriß	Kapselriss
kaputtschlagen	*auch:* kaputt schlagen
Karamel	Karamell
karamelisieren	karamellisieren
2karäter, 3karäter, 4karäter ...	2-Karäter, 3-Karäter, 4-Karäter ...
2karätig, 3karätig, 4karätig ...	2-karätig, 3-karätig, 4-karätig ...
Karoas	Karoass
Kartographie	*auch:* Kartografie
Kaßler	Kassler
Katarrh	*auch:* Katarr
kegelschieben	Kegel schieben
kennenlernen	*auch:* kennen lernen
Kennummer	Kennnummer *auch:* Kenn-Nummer

alt	neu
keß	kess
Keßheit	Kessheit
Ketchup	*auch:* Ketchup
Kickdown	*auch:* Kick-down
Kick-off	*auch:* Kickoff
an Kindes Statt	an Kindes statt
Kindesmißhandlung	Kindesmisshandlung
Kißchen	Kisschen
sich über etwas im klaren sein	sich über etwas im Klaren sein
klardenkend	*auch:* klar denkend
Klassenbewußtsein	Klassenbewusstsein
Klassenhaß	Klassenhass
klatschnaß	klatschnass
Klausenpaß	Klausenpass
Klee-Einsaat	*auch:* Kleeeinsaat
Klee-Ernte	*auch:* Kleeernte
bis ins kleinste geregelt	bis ins Kleinste geregelt
ein Staat im kleinen	ein Staat im Kleinen
ein Programm für groß und klein	ein Programm für Groß und Klein
kleingedruckt	*auch:* klein gedruckt
kleinschneiden	*auch:* klein schneiden
klein schreiben (mit kleinem Anfangsbuchstaben)	kleinschreiben
Klemmappe	Klemmmappe *auch:* Klemm-Mappe

alt	neu
Klettverschluß	Klettverschluss
klitschnaß	klitschnass
es wäre das klügste, wenn ...	es wäre das Klügste, wenn ...
Knockout	*auch:* Knock-out
Know-how	*auch:* Knowhow
kohleführende Flöze	*auch:* Kohle führende Flöze
Kolanuß	Kolanuss
Kollektivbewußtsein	Kollektivbewusstsein
Kolophonium	*auch:* Kolofonium
Koloß	Koloss
Kombinationsschloß	Kombinationsschloss
Kommiß	Kommiss
Kommißbrot	Kommissbrot
Kommißstiefel	Kommissstiefel *auch:* Kommiss-Stiefel
Kommuniqué	*auch:* Kommunikee
Kompaß	Kompass
kompreß	kompress
Kompromiß	Kompromiss
kompromißbereit	kompromissbereit
kompromißlos	kompromisslos
Kompromißlösung	Kompromisslösung
Komteß	Komtess
Konferenzbeschluß	Konferenzbeschluss
Kongreß	Kongress
Kongreßhalle	Kongresshalle

alt	neu
Kongreßsaal	Kongresssaal *auch:* Kongress-Saal
Kongreßstadt	Kongressstadt *auch:* Kongress-Stadt
Königsschloß	Königsschloss
Kontrabaß	Kontrabass
Kontrollampe	Kontrolllampe *auch:* Kontroll-Lampe
Kontrolliste	Kontrollliste *auch:* Kontroll-Liste
Kopfnuß	Kopfnuss
Kopfschuß	Kopfschuss
Koppelschloß	Koppelschloss
krank schreiben	krankschreiben
kraß	krass
Kraßheit	Krassheit
krebserregende Substanzen	*auch:* Krebs erregende Substanzen
Kreiselkompaß	Kreiselkompass
Kreppapier	Krepppapier *auch:* Krepp-Papier
Kreuzas	Kreuzass
die kriegführenden Parteien	*auch:* die Krieg führenden Parteien
Kriminalprozeß	Kriminalprozess
Kristallüster	Kristalllüster *auch:* Kristall-Lüster
kroß	kross

alt	neu
KSZE-Schlußakte	KSZE-Schlussakte
Kunststoffolie	Kunststofffolie *auch:* Kunststoff-Folie
Küraß	Kürass
binnen kurzem	*auch:* binnen Kurzem
den kürzeren ziehen	den Kürzeren ziehen
sich kurz fassen	sich kurzfassen
kurzgebraten	*auch:* kurz gebraten
Kurzpaß	Kurzpass
Kurzschluß	Kurzschluss
Kuß	Kuss
Küßchen	Küsschen
kußecht	kussecht
Kußhand	Kusshand
du/er/sie küßt	du/er/sie küsst
Küstenschiffahrt	Küstenschifffahrt
Kwaß	Kwass

L

alt	neu
Ladenschluß	Ladenschluss
die La-Fontaineschen Fabeln	die la-fontaineschen Fabeln, *auch:* die la-Fontaine'schen Fabeln
Lamé	*auch:* Lamee
Lamellenverschluß	Lamellenverschluss

alt	neu
etwas des langen und breiten erklären	etwas des Langen und Breiten erklären
seit längerem	*auch:* seit Längerem
langgestreckt	*auch:* lang gestreckt
langstengelig	langstängelig
Lapsus linguae	Lapsus Linguae
läßlich	lässlich
du läßt	du lässt
zu Lasten	*auch:* zulasten
Lattenschuß	Lattenschuss
laubtragende Bäume	*auch:* Laub tragende Bäume
auf dem laufenden sein	auf dem Laufenden sein
Laufpaß	Laufpass
Layout	*auch:* Lay-out
Lebensgenuß	Lebensgenuss
Leberabszeß	Leberabszess
die lederverarbeitende Industrie	*auch:* die Leder verarbeitende Industrie
leer essen	*auch:* leeressen
leerstehend	*auch:* leer stehend
leichenblaß	leichenblass
es ist mir ein leichtes, das zu tun	es ist mir ein Leichtes, das zu tun
leid tun	leidtun
Lenkradschloß	Lenkradschloss
Lernprozeß	Lernprozess
der letzte, der gekommen ist	der Letzte, der gekommen ist

alt	neu
als letzter fertig sein	als Letzter fertig sein
das letzte, was sie tun würde	das Letzte, was sie tun würde
bis ins letzte geklärt	bis ins Letzte geklärt
der Letzte Wille	*auch:* der letzte Wille
letzteres trifft zu	Letzteres trifft zu
zum letztenmal	zum letzten Mal
Lichtmeß	Lichtmess
es wäre uns das liebste, wenn …	es wäre uns das Liebste, wenn …
liebenlernen	lieben lernen
liebhaben	*auch:* lieb haben
liegenlassen (vergessen, nicht beachten)	*auch:* liegen lassen
Live-Mitschnitt	*auch:* Livemitschnitt
Lizentiat	*auch:* Lizenziat
Lorbaß	Lorbass
Löß	*auch:* Löss (bei Aussprache mit kurzem ö)
Lößboden	*auch:* Lössboden (bei Aussprache mit kurzem ö)
Lößschicht	*auch:* Lösssschicht oder Löss-Schicht (bei Aussprache mit kurzem ö)
Lötschenpaß	Lötschenpass
Luftschiffahrt	Luftschifffahrt
Luftschloß	Luftschloss

M

alt	neu
Magistratsbeschluß	Magistratsbeschluss
2mal, 3mal, 4mal …	2-mal, 3-mal, 4-mal …
Malaise	*auch:* Maläse
Marschkompaß	Marschkompass
maschineschreiben	Maschine schreiben
Matrizes	*auch:* Matrices
Maulkorberlaß	Maulkorberlass
Megaphon	*auch:* Megafon
Mehrheitsbeschluß	Mehrheitsbeschluss
Meldeschluß	Meldeschluss
Meniskusriß	Meniskusriss
wir haben das menschen-möglich getan	wir haben das Menschen-mögliche getan
Mesner	*auch:* Messner
Meßband	Messband
meßbar	messbar
Meßbecher	Messbecher
Meßbuch	Messbuch
Meßdaten	Messdaten
Meßdiener	Messdiener
Meßfühler	Messfühler
Meßgewand	Messgewand
Meßinstrument	Messinstrument
Meßopfer	Messopfer
Meßstab	Messstab, *auch:* Mess-Stab
Meßtischblatt	Messtischblatt

alt	neu
Metallguß	Metallguss
Metallegierung	Metalllegierung *auch:* Metall-Legierung
die metallverarbeitende Industrie	*auch:* die Metall verarbeitende Industrie
Midlife-crisis	Midlifecrisis *auch:* Midlife-Crisis
Milchgebiß	Milchgebiss
millionenmal	Millionen Mal
Milzriß	Milzriss
nicht im mindesten	*auch:* nicht im Mindesten
Minimal art	Minimal Art
mißachten	missachten
Mißbildung	Missbildung
mißbilligen	missbilligen
Mißbrauch	Missbrauch
Mißerfolg	Misserfolg
Mißernte	Missernte
mißfallen	missfallen
Mißfallenskundgebung	Missfallenskundgebung
Mißgeburt	Missgeburt
Mißgeschick	Missgeschick
mißglücken	missglücken
Mißgunst	Missgunst
mißgünstig	missgünstig
Mißklang	Missklang
Mißkredit	Misskredit

alt	neu
mißlich	misslich
mißlingen	misslingen
mißmutig	missmutig
mißraten	missraten
Mißtrauen	Misstrauen
mißtrauisch	misstrauisch
Mißverständnis	Missverständnis
Mißwirtschaft	Misswirtschaft
mit Hilfe	*auch:* mithilfe
[gestern, heute, morgen] mittag	[gestern, heute, morgen] Mittag
modebewußt	modebewusst
wir sprachen über alles mögliche	wir sprachen über alles Mögliche
sein möglichstes tun	sein Möglichstes tun
3monatig, 4monatig, 5monatig …	3-monatig, 4-monatig, 5-monatig …
3monatlich, 4monatlich, 5monatlich …	3-monatlich, 4-monatlich, 5-monatlich …
Monographie	*auch:* Monografie
Mop	Mopp
Mordprozeß	Mordprozess
morgen abend, mittag, nacht	morgen Abend, Mittag, Nacht
[gestern, heute] morgen	[gestern, heute] Morgen
Moto-Cross	*auch:* Motocross
Mulläppchen	Mullläppchen *auch:* Mull-Läppchen

alt	neu
Muskatnuß	Muskatnuss
Muskelriß	Muskelriss
ich muß	ich muss
du mußt	du musst
ich müßte	ich müsste
du müßtest	du müsstest
Mußheirat	Mussheirat
Musterprozeß	Musterprozess
Myrrhe	*auch:* Myrre

N

alt	neu
nachfolgendes gilt auch …	Nachfolgendes gilt auch …
nach Hause	*auch:* nachhause
im nachhinein	im Nachhinein
Nachlaß	Nachlass
Nachlaßverwalter	Nachlassverwalter
[gestern, heute, morgen] nachmittag	[gestern, heute, morgen] Nachmittag
Nachschuß	Nachschuss
der nächste, bitte!	der Nächste, bitte!
als nächstes wollen wir …	als Nächstes wollen wir …
im nachstehenden heißt es …	im Nachstehenden heißt es …
[gestern, heute, morgen] nacht	[gestern, heute, morgen] Nacht
etwas des näheren erläutern	etwas des Näheren erläutern

alt	neu
Narziß	Narziss
Narzißmus	Narzissmus
narzißtisch	narzisstisch
naß	nass
naßforsch	nassforsch
naßgeschwitzt	nass geschwitzt *auch:* nassgeschwitzt
naßkalt	nasskalt
naß machen	nass machen *auch:* nassmachen
Naßrasur	Nassrasur
Naßschnee	Nassschnee *auch:* Nass-Schnee
nationalbewußt	nationalbewusst
Nationaldreß	Nationaldress
Nebelschlußleuchte	Nebelschlussleuchte
Nebenanschluß	Nebenanschluss
Nebenfluß	Nebenfluss
im nebenstehenden wird gezeigt …	im Nebenstehenden wird gezeigt …
Necessaire	*auch:* Nessessär
Negligé	*auch:* Negligee
nein sagen	*auch:* Nein sagen
Netzanschluß	Netzanschluss
es aufs neue versuchen	es aufs Neue versuchen
von neuem	*auch:* von Neuem
auf ein neues!	auf ein Neues!

alt	neu
neueröffnet	*auch:* neu eröffnet
New Yorker	*auch:* New-Yorker
nichtrostend	*auch:* nicht rostend
Nichtseßhafte	Nichtsesshafte
nichtssagend	*auch:* nichts sagend
No-future-Generation	No-Future-Generation
die notleidende Bevölkerung	*auch:* die Not leidende Bevölkerung
not tun	nottun
in Null Komma nichts	in null Komma nichts
das Thermometer steht auf Null	das Thermometer steht auf null
Nullage	Nulllage, *auch:* Null-Lage
Nulleiter	Nullleiter, *auch:* Null-Leiter
Nullösung	Nulllösung *auch:* Null-Lösung
numerieren	nummerieren
Numerierung	Nummerierung
Nuß	Nuss
Nüßchen	Nüsschen
Nußknacker	Nussknacker
Nußschale	Nussschale *auch:* Nuss-Schale
Nußschinken	Nussschinken *auch:* Nuss-Schinken
Nußschokolade	Nussschokolade *auch:* Nuss-Schokolade

alt	neu
Nußstrudel	Nussstrudel *auch:* Nuss-Strudel
Nußtorte	Nusstorte

O

alt	neu
O-beinig	*auch:* o-beinig
obenerwähnt	*auch:* oben erwähnt
obenstehend	*auch:* oben stehend
O-förmig	*auch:* o-förmig
des öfteren	des Öfteren
Ölmeßstab	Ölmessstab
Open-air-Festival	Open-Air-Festival
Ordonnanz	*auch:* Ordonanz
Orthographie	*auch:* Orthografie

P

alt	neu
Panther	*auch:* Panter
die papierverarbeitende Industrie	*auch:* die Papier verarbeitende Industrie
Pappmaché	*auch:* Pappmaschee
parallellaufend	*auch:* parallel laufend
Paranuß	Paranuss
Parlamentsbeschluß	Parlamentsbeschluss
Parnaß	Parnass
Parteikongreß	Parteikongress

alt	neu
Parteitagsbeschluß	Parteitagsbeschluss
Paß	Pass
Paßbild	Passbild
passé	*auch:* passee
Paßform	Passform
Paßgang	Passgang
paßgerecht	passgerecht
Paßkontrolle	Passkontrolle
Paßstelle	Passstelle, *auch:* Pass-Stelle
Paßstraße	Passstraße, *auch:* Pass-Straße
Paßwort	Passwort
Patentverschluß	Patentverschluss
patschnaß	patschnass
Paying guest	Paying Guest
Perkussionsschloß	Perkussionsschloss
Personenschiffahrt	Personenschifffahrt
Petitionsausschuß	Petitionsausschuss
Pfeffernuß	Pfeffernuss
Pferdegebiß	Pferdegebiss
pflichtbewußt	pflichtbewusst
Pflichtbewußtsein	Pflichtbewusstsein
Pfostenschuß	Pfostenschuss
Pikas	Pikass
Pimpernuß	Pimpernuss
er pißt	er pisst
Pistolenschuß	Pistolenschuss

alt	neu
pitschnaß	pitschnass
Platitüde	Plattitüde, *auch:* Platitude
Playback	*auch:* Play-back
Play-off	*auch:* Playoff
plazieren	platzieren
pleite gehen	pleitegehen
polyphon	*auch:* polyfon
Pornographie	*auch:* Pornografie
Portemonnaie	*auch:* Portmonee
Potemkinsche Dörfer	potemkinsche Dörfer *auch:* Potemkin'sche Dörfer
potentiell	*auch:* potenziell
potthäßlich	potthässlich
präferentiell	*auch:* präferenziell
er praßt	er prasst
preisbewußt	preisbewusst
Preisnachlaß	Preisnachlass
Preßform	Pressform
Preßluftbohrer	Pressluftbohrer
Preßsack	Presssack, *auch:* Press-Sack
Preßschlag	Pressschlag *auch:* Press-Schlag
Preßspan	Pressspan, *auch:* Press-Span
du preßt	du presst
Preßwehe	Presswehe
Prinzeßbohne	Prinzessbohne
privatversichert	*auch:* privat versichert

alt	neu
probefahren	Probe fahren
Problembewußtsein	Problembewusstsein
Produktionsprozeß	Produktionsprozess
Profeß	Profess
Programmusik	Programmmusik *auch:* Programm-Musik
Progreß	Progress
Prozeß	Prozess
Prozeßkosten	Prozesskosten
Prozeßbevollmächtigte	Prozessbevollmächtigte
prozeßführend	prozessführend
Prozeßkosten	Prozesskosten
Prozeßrechner	Prozessrechner
publik machen	*auch:* publikmachen
pudelnaß	pudelnass
Pulverfaß	Pulverfass
pußlig	pusslig

Q

alt	neu
Quadrophonie	*auch:* Quadrofonie
qualitätsbewußt	qualitätsbewusst
Quartalsabschluß	Quartalsabschluss
Quellfluß	Quellfluss
Quentchen	Quäntchen
Querpaß	Querpass
Quickstep	Quickstepp

R

alt	neu
radfahren	Rad fahren
Radikalenerlaß	Radikalenerlass
radschlagen	Rad schlagen
Rammaschine	Rammmaschine *auch:* Ramm-Maschine
zu Rande kommen	*auch:* zurande kommen
Rassenhaß	Rassenhass
ich raßle mit den Ketten	ich rassle mit den Ketten
zu Rate ziehen	*auch:* zurate ziehen
Räterußland	Räterussland
Ratsbeschluß	Ratsbeschluss
Ratschluß	Ratschluss
Rauchfaß	Rauchfass
rauh	rau
rauhbeinig	raubeinig
Rauhfasertapete	Raufasertapete
Rauhfrost	Raufrost
Rauhhaardackel	Rauhaardackel
Rauhnächte	Raunächte
Rauhputz	Rauputz
Rauhreif	Raureif
Rausschmiß	Rausschmiss
recht haben	*auch:* Recht haben
recht behalten	*auch:* Recht behalten
recht bekommen	*auch:* Recht bekommen
jmdm. recht geben	*auch:* jmdm. Recht geben

alt	neu
Rechtens sein	rechtens sein
Rechtsbewußtsein	Rechtsbewusstsein
Redaktionsschluß	Redaktionsschluss
Regenguß	Regenguss
regennaß	regennass
Regreß	Regress
Regreßanspruch	Regressanspruch
Regreßpflicht	Regresspflicht
regreßpflichtig	regresspflichtig
reichgeschmückt	*auch:* reich geschmückt
reichverziert	*auch:* reich verziert
Reifungsprozeß	Reifungsprozess
Reisepaß	Reisepass
Reißverschluß	Reißverschluss
Reißverschlußsystem	Reißverschlusssystem *auch:* Reißverschluss-System
Reschenpaß	Reschenpass
Rettungsschuß	Rettungsschuss
Rezeß	Rezess
Rhein-Main-Donau-Großschiffahrtsweg	Rhein-Main-Donau-Großschifffahrtsweg
das ist genau das richtige für mich	das ist genau das Richtige für mich
Riß	Riss
rißfest	rissfest
Roheit	Rohheit
Rolladen	Rollladen, *auch:* Roll-Laden

alt	neu
Rommé	*auch:* Rommee
Rooming-in	*auch:* Roomingin
Roß	Ross
Roßbreiten	Rossbreiten
Roßhaarmatratze	Rosshaarmatratze
Roßkastanie	Rosskastanie
Roßkur	Rosskur
Rößl	Rössl
Roßtäuscherei	Rosstäuscherei
der rote Planet (Mars)	der Rote Planet
rotgestreift	*auch:* rot gestreift
rotglühend	*auch:* rot glühend
die Rubensschen Gemälde	die rubensschen Gemälde *auch:* die Rubens'schen Gemälde
Rückfluß	Rückfluss
Rückpaß	Rückpass
Rückschluß	Rückschluss
Ruhegenuß	Ruhegenuss
Runderlaß	Runderlass
Rußland	Russland

S

alt	neu
Säbelraßler	Säbelrassler
Saisonnier	*auch:* Saisonier
Saisonschluß	Saisonschluss

alt	neu
Salutschuß	Salutschuss
Salzfaß	Salzfass
Samenerguß	Samenerguss
Sammelanschluß	Sammelanschluss
Sankt Gallener	*auch:* Sankt-Gallener
sanktgallisch	sankt-gallisch
Sanmarinese	San-Marinese
sanmarinesisch	san-marinesisch
satt haben	satthaben
satt machen	*auch:* sattmachen
sich an etwas satt sehen	sich an etwas sattsehen
Saxophon	*auch:* Saxofon
sein Schäfchen ins trockene bringen	sein Schäfchen ins Trockene bringen
Schalenguß	Schalenguss
Schallehre	Schalllehre *auch:* Schall-Lehre
Schalloch	Schallloch *auch:* Schall-Loch
Schalterschluß	Schalterschluss
etwas auf das schärfste verurteilen	*auch:* etwas auf das Schärfste verurteilen
er schaßte ihn	er schasste ihn
ein schattenspendender Baum	*auch:* ein Schatten spendender Baum
schätzenlernen	schätzen lernen
Schauprozeß	Schauprozess

alt	neu
Scheidungsprozeß	Scheidungsprozess
Schiffahrt	Schifffahrt *auch:* Schiff-Fahrt
Schippenas	Schippenass
Schiß	Schiss
Schlachtroß	Schlachtross
Schlagfluß	Schlagfluss
Schlammasse	Schlammmasse *auch:* Schlamm-Masse
schlank machen	*auch:* schlankmachen
schlechtgelaunt	*auch:* schlecht gelaunt
das schlimmste ist, daß …	das Schlimmste ist, dass …
sie haben ihn auf das schlimmste getäuscht	*auch:* sie haben ihn auf das Schlimmste getäuscht
er schliß Federn	er schliss Federn
Schlitzverschluß	Schlitzverschluss
Schloß	Schloss
Schlößchen	Schlösschen
Schloßherr	Schlossherr
Schloßpark	Schlosspark
Schluß	Schluss
Schlußbemerkung	Schlussbemerkung
schlußendlich	schlussendlich
schlußfolgern	schlussfolgern
Schlußfolgerung	Schlussfolgerung
Schlußlicht	Schlusslicht
Schlußpfiff	Schlusspfiff

alt	neu
Schlußpunkt	Schlusspunkt
Schlußsatz	Schlusssatz *auch:* Schluss-Satz
Schlußspurt	Schlussspurt *auch:* Schluss-Spurt
Schlußstrich	Schlussstrich *auch:* Schluss-Strich
Schlußverkauf	Schlussverkauf
Schlußwort	Schlusswort
Schmerfluß	Schmerfluss
sie schmiß mit Steinen	sie schmiss mit Steinen
Schmiß	Schmiss
jemanden schmoren lassen	*auch:* jemanden schmorenlassen
Schmuckblattelegramm	Schmuckblatttelegramm *auch:* Schmuckblatt-Telegramm
Schnappschloß	Schnappschloss
Schnappschuß	Schnappschuss
Schnee-Eifel	*auch:* Schneeeifel
Schnee-Eule	*auch:* Schneeeule
Schneewächte	Schneewechte
Schnellimbiß	Schnellimbiss
Schnelläufer	Schnellläufer *auch:* Schnell-Läufer
schnellebig	schnelllebig
Schnellebigkeit	Schnelllebigkeit
Schnellschuß	Schnellschuss

alt	neu
schneuzen	schnäuzen
Schokoladenguß	Schokoladenguss
aufs schönste übereinstimmen	*auch:* aufs Schönste übereinstimmen
er schoß	er schoss
Schoß (einer Pflanze)	Schoss
schräglaufend	*auch:* schräg laufend
Schraubverschluß	Schraubverschluss
schreckensblaß	schreckensblass
Schreckschußpistole	Schreckschusspistole
Schrittempo	Schritttempo *auch:* Schritt-Tempo
Schrotschuß	Schrotschuss
Schulabschluß	Schulabschluss
an etwas schuld haben	an etwas Schuld haben
sich etwas zuschulden kommen lassen	*auch:* sich etwas zu Schulden kommen lassen
schuldbewußt	schuldbewusst
Schuldenerlaß	Schuldenerlass
schuldig sprechen	*auch:* schuldigsprechen
Schulschluß	Schulschluss
Schulstreß	Schulstress
Schulterschluß	Schulterschluss
Schuß	Schuss
schußbereit	schussbereit
schußfest	schussfest
schußlig	schusslig

alt	neu
Schußlinie	Schusslinie
Schußschwäche	Schussschwäche *auch:* Schuss-Schwäche
Schußwaffe	Schusswaffe
Schußwechsel	Schusswechsel
schwachbetont	*auch:* schwach betont
schwachbevölkert	*auch:* schwach bevölkert
aus schwarz weiß machen	aus Schwarz Weiß machen
das Schwarze Brett	*auch:* das schwarze Brett
schwarzgefärbt	*auch:* schwarz gefärbt
schwarzrotgolden	*auch:* schwarz-rot-golden
Schwimmeister	Schwimmmeister *auch:* Schwimm-Meister
Science-fiction	Sciencefiction *auch:* Science-Fiction
Sechspaß	Sechspass
See-Elefant	*auch:* Seeelefant
jedem das Seine	*auch:* jedem das seine
das Seine beitragen	*auch:* das seine beitragen
die Seinen	*auch:* die seinen
die Seinigen	*auch:* die seinigen
Seismograph	*auch:* Seismograf
auf seiten	aufseiten, *auch:* auf Seiten
von seiten	vonseiten, *auch:* von Seiten
selbständig	*auch:* selbstständig
Selbständigkeit	*auch:* Selbstständigkeit
selbstbewußt	selbstbewusst

alt	neu
Selbstbewußtsein	Selbstbewusstsein
selbsternannt	*auch:* selbst ernannt
selbstgebacken	*auch:* selbst gebacken
selbstgemacht	*auch:* selbst gemacht
selbstgestrickt	*auch:* selbst gestrickt
Selbstschuß	Selbstschuss
selbstverdient	*auch:* selbst verdient
Senatsbeschluß	Senatsbeschluss
Sendeschluß	Sendeschluss
Sendungsbewußtsein	Sendungsbewusstsein
Sensationsprozeß	Sensationsprozess
Séparée	*auch:* Separee
sequentiell	*auch:* sequenziell
seßhaft	sesshaft
Seßhaftigkeit	Sesshaftigkeit
S-förmig	*auch:* s-förmig
die Shakespeareschen Sonette	die shakespeareschen Sonette, *auch:* die Shakespeare'schen Sonette
Short story	Shortstory, *auch:* Short Story
Showbusineß	Showbusiness
Showdown	*auch:* Show-down
Shrimp	*auch:* Schrimp
das sicherste ist, wenn …	das Sicherste ist, wenn …
Sicherheitsschloß	Sicherheitsschloss
Sicherheitsverschluß	Sicherheitsverschluss
siegesbewußt	siegesbewusst

alt	neu
siegesgewiß	siegesgewiss
Simplonpaß	Simplonpass
die Singende Säge	*auch:* die singende Säge
Siphonverschluß	Siphonverschluss
sitzenbleiben (in übertragener Bedeutung)	*auch:* sitzen bleiben
sitzenlassen (in übertragener Bedeutung)	*auch:* sitzen lassen
Skipaß	Skipass
Small talk	Smalltalk, *auch:* Small Talk
so daß	sodass, *auch:* so dass
Sommerschlußverkauf	Sommerschlussverkauf
alles sonstige besprechen wir morgen	alles Sonstige besprechen wir morgen
Soufflé	*auch:* Soufflee
soviel du willst	so viel du willst
soviel wie	so viel wie
noch einmal soviel	noch einmal so viel
es ist soweit	es ist so weit
soweit wie möglich	so weit wie möglich
ich kann das sowenig wie du	ich kann das so wenig wie du
Sowjetrußland	Sowjetrussland
hier gilt kein Sowohl-Als-auch	hier gilt kein Sowohl-als-auch
Spaghetti	*auch:* Spagetti
Spantenriß	Spantenriss

alt	neu
spazierenfahren	spazieren fahren
spazierengehen	spazieren gehen
Speichelfluß	Speichelfluss
Sperrad	Sperrrad, *auch:* Sperr-Rad
Sperriegel	Sperrriegel, *auch:* Sperr-Riegel
Spliß	Spliss
du splißt	du splisst
eine sporenbildende Pflanze	*auch:* eine Sporen bildende Pflanze
Sportdreß	Sportdress
ein paar Euro springen lassen	*auch:* ein paar Euro springenlassen
Spritzguß	Spritzguss
es sproß neues Grün	es spross neues Grün
Sproß	Spross
Sproßachse	Sprossachse
Sprößchen	Sprösschen
Sprößling	Sprössling
staatenbildende Insekten	*auch:* Staaten bildende Insekten
Stahlroß	Stahlross
Stallaterne	Stalllaterne *auch:* Stall-Laterne
Stammutter	Stammmutter *auch:* Stamm-Mutter
standesbewußt	standesbewusst

alt	neu
Standesbewußtsein	Standesbewusstsein
Startschuß	Startschuss
Steckschloß	Steckschloss
Steckschuß	Steckschuss
stehenlassen (in übertragener Bedeutung)	*auch:* stehen lassen
Stehimbiß	Stehimbiss
Sahne steif schlagen	*auch:* Sahne steifschlagen
Steilpaß	Steilpass
Stemmmeißel	Stemmmeißel *auch:* Stemm-Meißel
Stendelwurz	Ständelwurz
Stengel	Stängel
Step	Stepp
Steptanz	Stepptanz
Stereophonie	*auch:* Stereofonie
Steuererlaß	Steuererlass
Steuermeßbetrag	Steuermessbetrag
Stewardeß	Stewardess
stiftengehen	stiften gehen
etwas im stillen vorbereiten	etwas im Stillen vorbereiten
Stilleben	Stillleben, *auch:* Still-Leben
stillegen	stilllegen
Stillegung	Stilllegung, *auch:* Still-Legung
Stoffarbe	Stofffarbe, *auch:* Stoff-Farbe

alt	neu
Stoffetzen	Stofffetzen, *auch:* Stoff-Fetzen
Stoffülle	Stofffülle, *auch:* Stoff-Fülle
Stop	Stopp
Straferlaß	Straferlass
Strafprozeß	Strafprozess
Strafprozeßordnung	Strafprozessordnung
Straß	Strass
Streifschuß	Streifschuss
Streitroß	Streitross
aufs strengste unterschieden	*auch:* aufs Strengste unterschieden
Streß	Stress
der Lärm streßt	der Lärm stresst
Streßsituation	Stresssituation *auch:* Stress-Situation
2stündig, 3stündig, 4stündig …	2-stündig, 3-stündig, 4-stündig …
2stündlich, 3stündlich, 4stündlich …	2-stündlich, 3-stündlich, 4-stündlich …
Stuß	Stuss
substantiell	*auch:* substanziell
Sustenpaß	Sustenpass

T

alt	neu
Tablettenmißbrauch	Tablettenmissbrauch
tabula rasa machen	Tabula rasa machen
zutage treten	*auch:* zu Tage treten
2tägig, 3tägig, 4tägig …	2-tägig, 3-tägig, 4-tägig …
Tankschloß	Tankschloss
Tarifabschluß	Tarifabschluss
Täßchen	Tässchen
ein paar tausend	*auch:* ein paar Tausend
Tausende von Zuschauern	*auch:* tausende von Zuschauern
T-bone-Steak	T-Bone-Steak
Teach-in	*auch:* Teachin
Tee-Ei	*auch:* Teeei
Tee-Ernte	*auch:* Teeernte
Teerfaß	Teerfass
Telephon	Telefon
Telephonanschluß	Telefonanschluss
Thunfisch	*auch:* Tunfisch
Tie-Break	*auch:* Tiebreak
aufs tiefste gekränkt	*auch:* aufs Tiefste gekränkt
tiefbewegt	*auch:* tief bewegt
tiefempfunden	*auch:* tief empfunden
tiefverschneit	*auch:* tief verschneit
Tintenfaß	Tintenfass
Tip	Tipp

alt	neu
todblaß	todblass
Todesschuß	Todesschuss
Tolpatsch	Tollpatsch
tolpatschig	tollpatschig
Tomatenketchup	*auch:* Tomatenketchup
Topographie	*auch:* Topografie
Torschlußpanik	Torschlusspanik
Torschuß	Torschuss
totenblaß	totenblass
totgeboren	*auch:* tot geboren
traditionsbewußt	traditionsbewusst
Tränenfluß	Tränenfluss
tränennaß	tränennass
Traß	Trass
Trekking	*auch:* Trecking
treuergeben	*auch:* treu ergeben
triefnaß	triefnass
auf dem trockenen sitzen	auf dem Trockenen sitzen
sein Schäfchen ins trockene bringen	sein Schäfchen ins Trockene bringen
tropfnaß	tropfnass
Troß	Tross
im trüben fischen	im Trüben fischen
Truchseß	Truchsess
Trugschluß	Trugschluss
Trumpfas	Trumpfass

alt	neu
Tuffelsen	Tufffelsen *auch:* Tuff-Felsen
Türschloß	Türschloss

U

alt	neu
übelgelaunt	*auch:* übel gelaunt
übelnehmen	*auch:* übel nehmen
übelriechend	*auch:* übel riechend
Überbiß	Überbiss
Überdruß	Überdruss
Überfluß	Überfluss
Überflußgesellschaft	Überflussgesellschaft
Überguß	Überguss
übermorgen abend, nachmittag	übermorgen Abend, Nachmittag
Überschuß	Überschuss
überschwenglich	überschwänglich
überwächtet	überwechtet
ein übriges tun	ein Übriges tun
im übrigen wissen wir doch alle …	im Übrigen wissen wir doch alle …
alles übrige später	alles Übrige später
die übrigen kommen nach	die Übrigen kommen nach
U-förmig	*auch:* u-förmig
Ultima ratio	Ultima Ratio
Umdenkprozeß	Umdenkprozess

alt	neu
die Liste umfaßt alles Wichtige	die Liste umfasst alles Wichtige
Umriß	Umriss
Umrißzeichnung	Umrisszeichnung
Umschichtungsprozeß	Umschichtungsprozess
Umschluß	Umschluss
umsein	um sein
um so [mehr, größer, weniger …]	umso [mehr, größer, weniger …]
Umstellungsprozeß	Umstellungsprozess
Umwandlungsprozeß	Umwandlungsprozess
Umwelteinfluß	Umwelteinfluss
sich ins unabsehbare ausweiten	sich ins Unabsehbare ausweiten
unangepaßt	unangepasst
Unangepaßtheit	Unangepasstheit
unbeeinflußbar	unbeeinflussbar
unbeeinflußt	unbeeinflusst
Anzeige gegen Unbekannt	Anzeige gegen unbekannt
unbewußt	unbewusst
und ähnliches (u. ä.)	und Ähnliches (u. Ä.)
unendlichemal	unendliche Mal
unerläßlich	unerlässlich
unermeßlich	unermesslich
Unfairneß	Unfairness
unfaßbar	unfassbar
unfaßlich	unfasslich

alt	neu
ungewiß	ungewiss
Ungewißheit	Ungewissheit
unigefärbt	*auch:* uni gefärbt
im unklaren bleiben	im Unklaren bleiben
im unklaren lassen	im Unklaren lassen
unmißverständlich	unmissverständlich
unpäßlich	unpässlich
Unpäßlichkeit	Unpässlichkeit
unplaziert	unplatziert
unrecht haben	*auch:* Unrecht haben
unrecht behalten	*auch:* Unrecht behalten
unrecht bekommen	*auch:* Unrecht bekommen
Unrechtsbewußtsein	Unrechtsbewusstsein
unselbständig	*auch:* unselbstständig
Unselbständigkeit	*auch:* Unselbstständigkeit
die Unseren	*auch:* die unseren
die Unsrigen	*auch:* die unsrigen
untenerwähnt	*auch:* unten erwähnt
untenstehend	*auch:* unten stehend
unterbewußt	unterbewusst
Unterbewußtsein	Unterbewusstsein
unterderhand	unter der Hand
ohne Unterlaß	ohne Unterlass
Untersuchungsausschuß	Untersuchungsausschuss
unvergeßlich	unvergesslich
unerläßlich	unerlässlich
unzähligemal	unzählige Mal

V

alt	neu
va banque spielen	*auch:* Vabanque spielen
Varieté	*auch:* Varietee
veranlaßt	veranlasst
verantwortungsbewußt	verantwortungsbewusst
Verantwortungsbewußtsein	Verantwortungsbewusstsein
Verbiß	Verbiss
verblaßt	verblasst
verbleuen	verbläuen
im verborgenen blühen	im Verborgenen blühen
das verdroß uns	das verdross uns
Verdruß	Verdruss
du verfaßt	du verfasst
vergeßlich	vergesslich
Vergeßlichkeit	Vergesslichkeit
Vergißmeinnicht	Vergissmeinnicht
du vergißt	du vergisst
verhaßt	verhasst
auf jmdn. ist Verlaß	auf jmdn. ist Verlass
verläßlich	verlässlich
Verläßlichkeit	Verlässlichkeit
vermißt	vermisst
Vermißtenanzeige	Vermisstenanzeige
er hat den Zug verpaßt	er hat den Zug verpasst
das Geld wurde verpraßt	das Geld wurde verprasst
Verriß	Verriss

alt	neu
verschiedenes war noch unklar	Verschiedenes war noch unklar
verschiedenemal	verschiedene Mal
Verschiß	Verschiss
Verschluß	Verschluss
Verschlußkappe	Verschlusskappe
Verschlußsache	Verschlusssache *auch:* Verschluss-Sache
verselbständigen	*auch:* verselbstständigen
Versorgungsengpaß	Versorgungsengpass
Vertragsabschluß	Vertragsabschluss
Vertragsschluß	Vertragsschluss
V-förmig	*auch:* v-förmig
Vibraphon	*auch:* Vibrafon
viel zuviel	viel zu viel
viel zuwenig	viel zu wenig
vielbefahren	*auch:* viel befahren
vielgelesen	*auch:* viel gelesen
Vierpaß	Vierpass
aus dem vollen schöpfen	aus dem Vollen schöpfen
von seiten	vonseiten, *auch:* von Seiten
vorangehendes gilt auch …	Vorangehendes gilt auch …
im vorangehenden heißt es …	im Vorangehenden heißt es …
im voraus	im Voraus
vorgefaßt	vorgefasst

alt	neu
vorgestern abend, mittag, morgen	vorgestern Abend, Mittag, Morgen
Vorhängeschloß	Vorhängeschloss
vorhergehendes gilt auch …	Vorhergehendes gilt auch …
im vorhergehenden heißt es …	im Vorhergehenden heißt es …
im vorhinein	im Vorhinein
das vorige gilt auch …	das Vorige gilt auch …
im vorigen heißt es …	im Vorigen heißt es …
Vorlegeschloß	Vorlegeschloss
[gestern, heute, morgen] vormittag	[gestern, heute, morgen] Vormittag
Vorschlußrunde	Vorschlussrunde
Vorschuß	Vorschuss
Vorschußlorbeeren	Vorschusslorbeeren
vorstehendes gilt auch …	Vorstehendes gilt auch …
im vorstehenden heißt es …	im Vorstehenden heißt es …

W

alt	neu
ein wachestehender Soldat	*auch:* ein Wache stehender Soldat
Wachsabguß	Wachsabguss
Wächte	Wechte
Waggon	*auch:* Wagon

alt	neu
Wahlausschuß	Wahlausschuss
Walkie-talkie	Walkie-Talkie
Walnuß	Walnuss
Walroß	Walross
Wandlungsprozeß	Wandlungsprozess
Warnschuß	Warnschuss
Wasserschloß	Wasserschloss
wäßrig	wässrig
Wehrpaß	Wehrpass
weh tun	*auch:* wehtun
weichgekocht	*auch:* weich gekocht
Weinfaß	Weinfass
aus schwarz weiß machen	aus Schwarz Weiß machen
weißgekleidet	*auch:* weiß gekleidet
Weißrußland	Weißrussland
bei weitem	*auch:* bei Weitem
von weitem	*auch:* von Weitem
des weiteren wurde gesagt …	des Weiteren wurde gesagt …
bis auf weiteres	*auch:* bis auf Weiteres
ohne weiteres	*auch:* ohne Weiteres
weitgereist	*auch:* weit gereist
weitreichend	*auch:* weit reichend
weitverbreitet	*auch:* weit verbreitet
Werkstattage	Werkstatttage *auch:* Werkstatt-Tage

alt	neu
Werkstofforschung	Werkstoffforschung *auch:* Werkstoff-Forschung
es besteht im wesentlichen aus …	es besteht im Wesentlichen aus …
Wetteufel	Wettteufel *auch:* Wett-Teufel
Wetturnen	Wettturnen *auch:* Wett-Turnen
wieviel	wie viel
Winterschlußverkauf	Winterschlussverkauf
Wißbegierde	Wissbegierde
wißbegierig	wissbegierig
ihr wißt	ihr wisst
du wußtest	du wusstest
wir wüßten gern …	wir wüssten gern …
Witterungseinfluß	Witterungseinfluss
sich wohl fühlen	*auch:* sich wohlfühlen
Wollappen	Wolllappen *auch:* Woll-Lappen
Wollaus	Wolllaus, *auch:* Woll-Laus
als ob er wunder was getan hätte	als ob er Wunder was getan hätte
wund reiben	*auch:* wundreiben

X

alt	neu
X-beinig	*auch:* x-beinig
X-förmig	*auch:* x-förmig
zum x-tenmal	zum x-ten Mal

Z

alt	neu
Zäheit	Zähheit
Zahlenschloß	Zahlenschloss
Zäpfchen-R	*auch:* Zäpfchen-r
Zaubernuß	Zaubernuss
Zechenstillegung	Zechenstilllegung
Zeilengußmaschine	Zeilengussmaschine
2zeilig, 3zeilig, 4zeilig …	2-zeilig, 3-zeilig, 4-zeilig …
eine Zeitlang	*auch:* eine Zeit lang
zur Zeit (derzeit)	zurzeit
Zellehre	Zelllehre, *auch:* Zell-Lehre
Zellstoffabrik	Zellstofffabrik *auch:* Zellstoff-Fabrik
Zersetzungsprozeß	Zersetzungsprozess
zielbewußt	zielbewusst
Zierat	Zierrat
zigtausend	*auch:* Zigtausend
Zigtausende	*auch:* zigtausende
Zippverschluß	Zippverschluss
Zirkelschluß	Zirkelschluss

alt	neu
Zivilprozeß	Zivilprozess
Zivilprozeßordnung	Zivilprozessordnung
Zoo-Orchester	*auch:* Zooorchester
Zufluß	Zufluss
zufriedenstellen	*auch:* zufrieden stellen
zugrunde gehen	*auch:* zu Grunde gehen
zugrunde legen	*auch:* zu Grunde legen
zugrunde liegen	*auch:* zu Grunde liegen
zugrunde richten	*auch:* zu Grunde richten
zugunsten	*auch:* zu Gunsten
zugute halten	zugutehalten
zugute kommen	zugutekommen
zu Hause	*auch:* zuhause
bei uns zulande	bei uns zu Lande
zulasten	*auch:* zu Lasten
jmdm. etwas zuleide tun	*auch:* jmdm. etwas zu Leide tun
zumute sein	*auch:* zu Mute sein
Zündschloß	Zündschloss
Zungenkuß	Zungenkuss
Zungen-R	*auch:* Zungen-r
zunichte machen	zunichtemachen
sich etwas zunutze machen	*auch:* sich etwas zu Nutze machen
zugepreßt	zugepresst
zu Rande kommen	*auch:* zurande kommen

alt	neu
jmdn. zu Rate ziehen	*auch:* jmdn. zurate ziehen
sie hat zurückgemußt	sie hat zurückgemusst
zur Zeit (derzeit)	zurzeit
Zusammenfluß	Zusammenfluss
zusammengefaßt	zusammengefasst
zusammengepaßt	zusammengepasst
zusammengepreßt	zusammengepresst
Zusammenschluß	Zusammenschluss
zusammensein	zusammen sein
zuschanden werden	*auch:* zu Schanden werden
sich etwas zuschulden kommen lassen	*auch:* sich etwas zu Schulden kommen lassen
Zuschuß	Zuschuss
Zuschußbetrieb	Zuschussbetrieb
zusein	zu sein
zustande bringen	*auch:* zu Stande bringen
zustande kommen	*auch:* zu Stande kommen
zutage fördern	*auch:* zu Tage fördern
zutage treten	*auch:* zu Tage treten
zuteil werden	zuteilwerden
zuungunsten	*auch:* zu Ungunsten
zuviel	zu viel
zuwege bringen	*auch:* zu Wege bringen
zuwenig	zu wenig
die zwanziger Jahre	*auch:* die Zwanzigerjahre
die Zwanzigerjahre	*auch:* die zwanziger Jahre

alt	neu
das Zweite Gesicht	*auch:* das zweite Gesicht
er hat wie kein zweiter gearbeitet	er hat wie kein Zweiter gearbeitet
jeder zweite war krank	jeder Zweite war krank
Zweitkläßler	Zweitklässler

ISBN 978-3-85179-112-9

Veröffentlicht mit Genehmigung des Verlags
Bibliographisches Institut AG, Mannheim

Copyright © 2009 Christian Stang
Copyright © 2009 Thiele Verlag in der
Thiele & Brandstätter Verlag GmbH,
München und Wien

Covergestaltung: Christina Krutz, Riedstadt
Layout und Satz: Christine Paxmann, München
Druck und Bindung: Grasl Druck & Neue Medien, Bad Vöslau

www.christian-stang.de
www.thiele-verlag.com